ÉTICA E A PREVIDÊNCIA PÚBLICA E PRIVADA

E84   Ética e a previdência pública e privada / Maria Isabel Pereira da Costa (coord.) ... [et al.]. – Porto Alegre: Livraria do Advogado Editora; Associação dos Juízes do Rio Grande do Sul, 2010.

151 p.; 23 cm.

ISBN 978-85-7348-668-1

1. Previdência social. 2. Previdência social: Magistratura. 3. Magistrado: Aposentadoria. 4. Previdência social: Ética. I. Maria Isabel Pereira da Costa (coord.).

CDU – 368.4

Índices para o catálogo sistemático:

Magistrado: Aposentadoria	347.962
Previdência social	368.4
Previdência social: Ética	368.4
Previdência social: Magistratura	368.4

Maria Isabel Pereira da Costa
Coordenadora

ÉTICA E A PREVIDÊNCIA PÚBLICA E PRIVADA

Alexandre Mariotti
Alexandre Weindorfer
André Fernando J. Carvalho Leite
Carlos Cini Marchionatti
Gabriel de Jesus Tedesco Wedy
Luciana Pereira da Costa
Luiz Antonio Colussi
Luiz Felipe Silveira Difini
Marcelo Lemos Dornelles
Maria Isabel Pereira da Costa
Valéria Eugênia N. Willhelm
Vilson Antonio Romero

Porto Alegre, 2010

©
Alexandre Mariotti
Alexandre Weindorfer
André Fernando J. Carvalho Leite
Carlos Cini Marchionatti
Gabriel de Jesus Tedesco Wedy
Luciana Pereira da Costa
Luiz Antonio Colussi
Luiz Felipe Silveira Difini
Marcelo Lemos Dornelles
Maria Isabel Pereira da Costa
Valéria Eugênia N. Willhelm
Vilson Antonio Romero
2010

Capa, projeto gráfico e diagramação
Livraria do Advogado Editora

Revisão
Betina Denardin Szabo

Direitos desta edição reservados por
Livraria do Advogado Editora Ltda.
Rua Riachuelo, 1338
90010-273 Porto Alegre RS
Fone/fax: 0800-51-7522
editora@livrariadoadvogado.com.br
www.doadvogado.com.br

Impresso no Brasil / Printed in Brazil

Prefácio

Observações iniciais

A discussão da previdência pública dos servidores públicos tem se caracterizado por muitas distorções. Após muitos anos de ditos de toda a espécie, representativos dos mais variados interesses latentes, conseguiu-se criar ambiente de encontro aos servidores públicos, como se a previdência pública destinada a eles caracterize-se nociva à sociedade e necessite de alterações profundas, sem as quais o Estado restará falido e incapacitado de servir à sociedade.

Isso é lastimável, porque contraria a verdade em termos absolutos.

O sistema previdenciário específico dos magistrados também não ficou imune.

Com estas observações iniciais cumpre dizer, por dever de exatidão, do contexto, do plano, do significado e do conteúdo do prefácio a este livro, constituído de estudos relevantes e esclarecedores tendo por motivo a previdência pública e a ética.

A origem desta obra

A Juíza de Direito Maria Isabel Pereira da Costa, Diretora do Departamento de Previdência dos Magistrados da AJURIS, teve a feliz ideia da publicação desta obra.

Conhecedora do assunto do qual ela é uma das maiores expoentes na magistratura do Estado e do País, desde quando, durante a administração do Desembargador José Aquino Flores de Camargo como Presidente da nossa AJURIS, idealizou a União Gaúcha em Defesa da Previdência Pública.

A União Gaúcha é hoje entidade que tem dado as maiores e as melhores contribuições à previdência pública, goza de elevado conceito no meio político e social por razões determinantes, como a de estar comprometida com a verdade dos fatos e dos institutos jurídicos, sobre os quais detém apreciável e irrecusável conhecimento, consciente de que se destina ao bem público, não à proteção injustificada de privilégios, pelos quais não propugna.

O conhecimento e a determinação da Colega Maria Isabel são exemplares e eu, como Presidente da AJURIS, sou grato pela sua companhia e apoio em todas as horas, além de admirador da sua inesgotável disposição ao trabalho e às conquistas em benefício da previdência pública e dos magistrados.

Quando me refiro aos Magistrados, digo os Juízes em exercício, os aposentados e as pensionistas dos Magistrados, sujeitos aos subsídios, aos proventos e às pensões integrais, inclusive para os esposos e companheiros das Magistradas, que contribuem à previdência com os mesmos percentuais, sem o correspondente pensionamento que se justifica e se busca.

Lado a lado com a Maria Isabel participam do Departamento os Colegas Eliseu Gomes Torres, Ivo Gabriel da Cunha, Henrique Osvaldo Poeta Roenick, Jaime Freitas da Silva, Jerson Moacir Gubert, Léo Romi Pilau Junior, Manoel Celeste dos Santos, Tael João Selistre e Valéria Eugênia Neves Willhelm. A contribuição destes Colegas é igualmente valorosa e inestimável.

A obra dá continuidade a uma das tantas realizações da administração do Desembargador Luiz Felipe Silveira Difini como Presidente da AJURIS, intitulada "Previdência ou Imprevidência", constituída por selecionada coletânea de artigos sobre o tema, escritos para a sua publicação em dezembro 2001 e reeditado em 2003.

Ambas as compilações, esta e aquela, isoladas ou reunidas, constituem doutrina de valor significativamente expressivo pelas qualidades e características dos esclarecimentos que contêm.

Em homenagem à obra precedente, o Desembargador Difini é quem faz a apresentação da obra atual.

A forma do prefácio

Este texto preliminar da apresentação tem forma livre, ajustada ao plano da obra, às características do momento institucional e à minha experiência pessoal, como magistrado e representante da pujante AJURIS.

Coerente com isso, define-se o conteúdo desta apresentação também ligada à minha atuação no âmbito da AJURIS e das entidades de magistrados do País, da União Gaúcha em Defesa da Previdência Pública e das 27 entidades que a compõem, junto às autoridades constituídas do Estado, no âmbito do Governo, da Assembleia Legislativa, do Tribunal de Contas, do Ministério Público e do Congresso Nacional, no Senado da República e na Câmara dos Deputados.

A extensão do prefácio corresponde às ideias consideradas relevantes nesta ocasião, em caráter geral ou específico, e ambas em certa medida vinculadas à ideia da ética que envolve o livro: 1º) as verbas previdenciárias, em dado momento da nossa história, serviram ao financiamento de atividades econômicas ligadas à indústria, ao comércio, à agricultura, à pecuária; 2º) os subsídios dos magistrados são irredutíveis no exercício da jurisdição e na aposentadoria, os subsídios, os proventos, as pensões devem ser consignadas e pagas conforme o orçamento do Poder Judiciário.

Por ser magistrado incumbe-me enfatizar algumas das características da magistratura. Por conhecer e dimensionar a importância das atribuições do Ministério Público e do Tribunal de Contas incumbe chamar atenção às semelhanças existentes, reconhecendo-as, em especial no tocante aos subsídios e ao regime previdenciário. Por conhecer a dedicação dos servidores públicos em geral incumbe reconhecer o seu mérito e valor.

A previdência pública serviu ao financiamento de atividades econômicas e sociais.

A qualidade do serviço público destina-se à sociedade. Incorpora a previdência dos servidores públicos, destinada aos proventos das aposentadorias e das pensões. A previdência dos servidores, na medida que os protege, valoriza o serviço público, e o faz em benefício da sociedade.

A constituição do sistema previdenciário não é gratuita ao servidor. Fundamentada em dados estatísticos atuariais, os servidores contribuem com proporção expressiva dos seus vencimentos, assim como há a contrapartida do Estado, a quem igualmente interessa o sistema previdenciário público.

Em determinado momento, as verbas previdenciárias existentes ou a contribuição devida pelo Estado foram utilizadas para o financiamento das atividades industriais e comerciais, na agricultura ou na pecuária, promovendo desenvolvimento econômico e social.

Tais recursos, que saíram dos cofres previdenciários ou deixaram de ingressar neles, é que caracterizam o déficit e que não se imputa ao sistema em si nem aos servidores públicos.

Para melhor compreensão, pode-se relacionar com a previdência social, onde ocorreram as situações mais conhecidas da utilização de recursos da previdencia para a realização de projetos governamentais, como o da construção de Brasília, da Transamazônica, de Itaipu e da Ponte Rio-Niterói, entre outras. Pela situação similar, deve-se apoiar as ações das entidades e autoridades dedicadas à melhoria da previdência social do trabalhador brasileiro.

No caso do Rio Grande do Sul, sabe-se que não existe déficit nas contas previdenciárias públicas, mas uma interpretação errônea das receitas e despesas do atual regime. Desde a origem do Instituto de Previdência do Estado, em 1931, a responsabilidade da administração das contas ficou ao encargo do Tesouro, que, entre outras medidas, utilizou o crédito para outras finalidades do Estado. No caso da União, também não há déficit na previdência social, senão a semelhante utilização de recursos para outros fins.

Hoje, portanto, quando se pretende atribuir aos servidores o déficit previdenciário, comete-se, pelo menos, dobrada injustiça, por não ser verdade e porque os seus haveres previdenciários serviram ao financiamento púbico de atividades econômicas e sociais.

A previdência dos magistrados

É preciso compreender com correção a jurisdição como um dos poderes do Estado, juntamente com os Poderes Executivo e Legislativo.

Os magistrados, investidos na função de julgar, agem com independência e imparcialidade, fundamentam as suas decisões e sentenças na Constituição da República, nas leis vigentes e nas circunstâncias dos casos que lhe são apresentados. Julgam as mais diferentes situações, sejam simples ou de enorme repercussão, envolvam o interesse de duas pessoas apenas, de corporações ou do próprio Estado.

Função desta natureza, que realiza ou contraria expectativas e pretensões de toda a ordem, exige proteção, que não se destina à pessoa do Juiz, destina-se ao exercício da jurisdição do Juiz. A proteção dá-se pelas garantias da magistratura, que se vinculam, justificadamente, ao exercício judicial em benefício da realização do direito e da sociedade.

Essencialmente, são três as garantias da magistratura – a vitaliciedade, a inamovibilidade e a irredutibilidade da remuneração.

Interessa a noção da irredutibilidade de vencimentos, que não pode ser reduzida ao período do exercício da função, alcança também o da aposentadoria.

Se deixar de alcançar os proventos da aposentadoria, a garantia resulta incompleta e perde o sentido.

A experiência de todos nós ensina de modo determinante, em um primeiro momento se fragiliza a garantia em um dos seus conteúdos, no caso, na aposentadoria, depois se descaracteriza a própria garantia inteiramente, que deixará de valer também para o exercício da função.

A magistratura jurisdicional, para ser exercida com independência e imparcialidade, não pode depender da vontade ocasional de quem quer que seja, que possa limitá-la ou prejudicá-la.

Por isso se justifica que os subsídios, os proventos, as pensões respectivas devam ser atendidas pelo próprio Poder Judiciário.

Conclusão

É hora de concluir diante do exposto, enfatizando a ideia da ética e agradecendo aos autores dos valiosos artigos escritos.

Incumbe ao Estado gerir com correção o regime previdenciário. São fundamentais o respeito à dignidade dos segurados e a constituição de benefícios justos, garantidores do bom funcionamento do serviço público em geral ou de determinadas funções em especial.

A AJURIS, sensibilizada, agradece a todos os articulistas – Alexandre Weindorfer, André Fernando Janson Carvalho Leite, Gabriel Tedesco Wedy, Luciana Pereira da Costa, Luiz Colussi, Marcelo Lemos Dornelles, Maria Isabel Pereira da Costa, Valéria Eugênia Neves Willhelm e Vilson Romero –, e a anuência do Auditor Substituto de Conselheiro do Tribunal de Contas do Estado, Alexandre Mariotti, quanto ao parecer que se integra à obra, tanto quanto reconhece o extraordinário valor dos respectivos estudos, destinados à elucidação das questões atinentes à previdência pública dos servidores do Estado e à apreciação dos leitores, para que possam analisar, de forma crítica e construtiva, a história da origem da previdência e a sua realidade atual.

Carlos Cini Marchionatti
Presidente da AJURIS

Sumário

Apresentação – *Luiz Felipe Silveira Difini* 13

Considerações iniciais – *Maria Isabel Pereira da Costa* 17

Capítulo I
A Previdência Social Estadual e Federal:
gestão, custeio, déficit ou mito

1. Não há déficit nas contas do regime de previdência próprio do
Estado do Rio Grande do Sul
Alexandre Weindorfer 25

2. Previdência e Seguridade Social, a consistência dos recursos orçamentários
ou o mito do déficit
Vilson Antonio Romero 39

Capítulo II
Previdência Social, a Magistratura e o
Estado Democrático de Direito

1. A inconstitucionalidade da última reforma da Previdência Pública
dos Magistrados
Gabriel de Jesus Tedesco Wedi 55

2. A Previdência Integral para os membros do Poder Judiciário:
prerrogativa necessária para efetivação do Estado Democrático de Direito
Luiz Antonio Colussi 71

3. Das consequências da retirada do direito de aposentadoria com proventos
integrais dos magistrados brasileiros: uma abordagem psicológica
Valéria Eugênia Neves Willhelm 78

Capítulo III
A Previdência Social e a Responsabilidade Ética do Estado

1. Previdência Social: entre a ética da solidariedade e a ética de mercado
Marcelo Lemos Dornelles e *André Fernando Janson Carvalho Leite* 87

2. A responsabilidade ética do Poder Público e a Previdência Social
Luciana Pereira da Costa e *Maria Isabel Pereira da Costa* 105

Considerações finais 137

Referências bibliograficas 140

ANEXO – Parecer nº 26, de 2008 – Alexandre Mariotti 143

Apresentação

A Associação dos Juízes do Rio Grande do Sul, por meio de seu Departamento de Previdência dos Magistrados, dirigido pela ilustre Juíza Maria Isabel Pereira da Costa, oferece à reflexão da sociedade brasileira esta obra sobre Ética e Previdência Pública e Privada. Trata-se de publicação que dá continuidade ao debate sobre o tema, iniciado pelo livro "Previdência ou Imprevidência", publicado durante o biênio em que exerci a Presidência da AJURIS.

Já, à época, denunciávamos à Nação o verdadeiro projeto de desmonte da Previdência Pública brasileira, levado a efeito por grupos interessados em abocanhar, para seu enriquecimento privado, o valioso filão de mercado representado pela necessidade de garantir minimamente segurança e tranquilidade na velhice, quando os riscos e despesas com a manutenção da saúde agravam-se e avolumam, àqueles que dedicaram sua vida produtiva ao serviço da coletividade, acreditando de boa-fé na promessa constitucional de que seus ganhos seriam limitados, mas, após cumprirem o tempo previamente determinado, contribuindo, todo santo mês, para a consecução deste objetivo, fariam jus à inativação com os mesmos e irredutíveis proventos.

Quando esta data finalmente se aproxima, mudam, mais de uma vez, as regras, os discursos, as promessas, a Constituição repetidamente, e até mesmo os atores políticos, só não mudando as ações para fragilização dos direitos sociais, da Previdência Pública e do serviço público.

Hoje, proclama-se que o regime próprio de previdência do Estado do Rio Grande do Sul é deficitário, altera-se a legislação rio-grandense sob pouco explicadas influências de organismos internacionais, como pré-condição para a obtenção de empréstimos externos, e pretende-se instituir Regime de Previdência Complementar para os servidores públicos gaúchos. Esquece-se (ou omite-se propositadamente) que, como esta publicação esclarece, para custeio do sistema previdenciário no Rio Grande do Sul, os servidores contribuem, todo mês de cada ano, desde o longínquo ano de 1931, em percentuais absolutamente semelhantes àqueles adotados no Regime Geral de Previdência Social do país ou dos servidores públicos federais. Desde a chamada "Lei Perachi", no distante ano de 1966, os servidores públicos estaduais do Rio Grande do Sul passaram a contribuir com 9% do total de seus vencimentos para o Instituto de Previdência do Estado do Rio Grande do Sul e há quase década e meia, a contribuição foi elevada para 11%. Em uma ou outra hipótese, tais percentuais de contribuição incidem sobre o total da remuneração do servidor, não limitado ao chamado "teto de contribuição" do Regime Geral de Previdência Social, a cargo do Instituto Nacional do Seguro Social.

Esta verdade sabida (inobstante por muitos interessados propositadamente olvidada ou omitida), por si só, põe a nu duas falácias repetidas à exaustão por setores político-jornalísticos empenhados na fragilização da Previdência Pública. A primeira consiste em repetir que a aposentadoria integral do servidor público se constitui em "privilégio", expressão com forte denotação pejorativa. Como privilégio, se o servidor público (e só ele, porque nos demais casos – vale dizer, na iniciativa privada – a contribuição não incide sobre o total da remuneração, pois é limitado ao teto da contribuição) todo mês, por trinta ou quarenta anos consecutivos e ininterruptos, paga contribuição sobre a integralidade da remuneração? A ética e a comutatividade de um sistema previdenciário de caráter contributivo impõe, por lógica elementar, que se exigida contribuição sobre a totalidade da remuneração, seja o benefício alcançado também sobre a totalidade da remuneração.

A outra afirmação é que os servidores públicos rio-grandenses jamais contribuíram para a respectiva aposentadoria e que o sistema previdenciário estadual é deficitário. É correto que até 2004, a legislação estadual destinava a contribuição paga pelos servidores (de 9% até 1995 e 11% a partir daí, igual, portanto, à dos demais) ao custeio de pensão e assistência médica. Mas a razão de ser desta destinação era isentar o Estado do pagamento de contribuição patronal (paga todo mês pelo empregador na esfera privada), cabendo-lhe, *em contrapartida*, (e isto é propositadamente omitido) o pagamento das aposentadorias. O que mostra a outra parte da falácia: não se pode pretender demonstrar (ou pior, calcular ou quantificar) déficit previdenciário simplesmente comparando o valor da contribuição dos servidores (e só dos servidores) com o das aposentadorias pagas, se o Estado (ao contrário dos respectivos funcionários) nunca pagou contribuição previdenciária (patronal), substituída esta pelo pagamento das aposentadorias (que representam, precisamente, sua contribuição e que não podem ser consideradas déficit, ignorando a contribuição que teria de ser paga pelo Estado).

Estas questões são abordadas e clareadas nos estudos aqui apresentados, restabelecendo verdades simples, mas sonegadas pelo discurso da privatização do lucro às custas dos direitos sociais. Não é este o falar da AJURIS, aqui publicado. A história da Associação dos Juízes do Rio Grande do Sul é a defesa da ética da solidariedade, fundamento basilar do Estado Democrático e Social de Direito. Este livro honra a tradição e a história da AJURIS e dignifica sua trajetória de falar à Nação para servi-la. É o que fazem os artigos reunidos nesta obra.

Luiz Felipe Silveira Difini

Desembargador do TJRS
Vice-Presidente e Corregedor Regional do TRE/RS

Considerações iniciais

A Associação dos Juízes do Rio Grande do Sul, mais uma vez, preocupada com os direitos fundamentais do cidadão, sente-se honrada em lançar mais uma obra relativa ao direito previdenciário.

No ano de 2001 a AJURIS lançou a obra Previdência ou Imprevidência na sua primeira edição que contou com 3.000 exemplares. Contudo a obra foi reeditada no ano de 2003, tendo em vista que a 1ª edição foi esgotada tal foi o sucesso da publicação.

Agora a AJURIS, percebendo que a ânsia reformista continua em detrimento dos direitos fundamentais previdenciários dos cidadãos, especialmente no Estado do Rio Grande do Sul, vem publicar uma nova obra intitulada *Ética e a Previdência Pública e Privada*, na tentativa de sensibilizar o Poder Público para que respeite o cidadão e busque sim reformar a previdência, mas para corrigir os erros de gestão. A reforma não deve servir para o Estado se desvencilhar do seu dever ético de bem gerir e garantir uma aposentadoria digna aos seus cidadãos e servidores. O Poder Público não pode se enamorar das vantagens temporárias dos conglomerados financeiros em detrimento de um futuro digno para o segurado. Deve ser preservado o próprio Estado de um futuro desembolso de seus recursos em face da "falência" dos fundos de aposentadorias e pensões, o que aconteceria, caso fossem entregues à ética do mercado financeiro, ou seja, ao lucro a qualquer preço.

Em razão disso o Departamento Extraordinário da Previdência de Magistrados e Pensionistas da AJURIS, por sua diretora, organiza a presente coletânea no intuito de trazer a opinião de estudiosos abalizados e comprometidos com os valores éticos que devem reger a conduta de instituições públicas e privadas, indivíduos ou coletividade para o alcance do bem comum e da Justiça Social.

Justifica-se esta obsessão da AJURIS em, pela terceira vez, buscar através de publicações, o esclarecimento do cidadão sobre o que representa para a efetivação de seus direitos fundamentais, uma aposentadoria digna.

O Estado Democrático de Direito brasileiro tem por alicerce, no art. 1º, inc. III, da Constituição Federal, o Princípio do Respeito à Dignidade da Pessoa Humana. Este princípio é a base ou o próprio núcleo da Constituição Federal que, por si, é a base, a pedra fundamental, o paradigma de todo e qualquer Sistema Jurídico de toda a nação que se diga democrática. Então o respeito à dignidade da pessoa humana deve ser o principal objeto do Estado quando cria, organiza, regula e fiscaliza o Regime de Previdência Social para os seus cidadãos e servidores.

A presente obra tem por objetivo levar ao conhecimento público informações sobre os princípios éticos e democráticos que devem reger a previdência social e a importância da efetivação desses princípios para o Estado do bem-estar-social e o respeito à cidadania.

Para isso pretende-se demonstrar que os valores éticos são fundamentais na criação, regulamentação e aplicação dos Regimes de Previdência, tanto públicos como privados e, até mesmo para informar sobre as contas previdenciárias dos diferentes regimes, é preciso que não se destorçam resultados, nem informações sobre as respectivas receitas e despesas. É, em outras palavras, necessário que se seja ÉTICO.

Também demonstraremos que os Regimes de Previdência, tanto públicos quanto privados, desde o seu nascedouro, incluindo a motivação para a sua criação, devem atender aos ditames do Estado Democrático de Direito e devem ser rigorosamente ÉTICOS;

Verificaremos a importância da Globalização Econômica e seus impactos na aplicação dos princípios éticos e democráticos na efetivação dos Regimes de Previdência Públicos e Privados;

De outra parte analisaremos os Regimes de Previdência Público e Privado para deduzirmos qual dos Regimes pode melhor garantir o bem-estar-social e o respeito à cidadania, tendo em vista a rigorosa exigência da ética da solidariedade nos regimes previdenciários.

Reabre-se esta discussão sobre o direito fundamental a uma aposentadoria digna porque, novamente, os banqueiros internacionais assediam os nossos governantes para que, em troca de empréstimos, os fundos de pensões e aposentadorias sejam transferidos para o mercado financeiro, em detrimento dos cofres públicos e, em desrespeito à dignidade dos servidores públicos e da estrutura e funcionamento do Estado.

Nossos articulistas trazem-nos uma visão histórica, econômica, política e ética do Regime Próprio de Previdência Público e do Regime Privado inserindo as características de tais regimes nos princípios do Estado Democrático de Direito e, principalmente, nos valores éticos que devem reger as condutas dos governantes comprometidos com a democracia e com a dignidade do cidadão.

Mostram os desvios de interpretação sobre as contas previdenciárias, os desvios de gestão na previdência, os perigos da subtração da aposentaria integral dos magistrados e a necessidade da observância dos princípios éticos na concretização dos direitos fundamentais previdenciários.

O Capítulo I, intitulado *Previdência Social Estadual e Federal: gestão, custeio, déficit ou mito*, é composto pelos artigos do Dr. Alexandre Weindorfer[1] e do Dr. Vilson Antonio Romero,[2] nos quais se faz uma análise sobre as contas previdenciárias, tanto da previdência do Estado do Rio Grande do Sul como da União, tendo em vista uma interpretação equivocada das receitas e despesas do regime próprio de previdência pública.

O Dr. Alexandre Weindorfer, Professor Universitário, graduado em Engenharia Elétrica da UFRGS e mestre em Engenharia de Produção pela UFRGS e especialista em Administração Tributária pela Faculdade Castelo Branco do Rio de Janeiro, após um breve histórico dos regimes de previdência no Brasil com o fim de verificar quais as bases que foram idealizadas para a sustentação atuarial, demonstra através de um modelo matemático quais as condições das alíquotas e das capitalizações do Regime Próprio dos Servidores do Estado do Rio Grande do Sul.

Por sua vez o Dr. Vilson Antonio Romero, Auditor Fiscal da Receita Federal do Brasil, Consultor técnico da ANFIP de Estudos da Seguridade Social, entre outros cargos, faz uma análise contex-

---

[1] Artigo: Não há déficit nas contas do regime de previdência próprio do Estado do Rio Grande do Sul.

[2] Artigo: Previdência e Seguridade Social, a consistência dos recursos orçamentários ou o mito do déficit.

tual, uma síntese dos indicadores sociais que afetam a previdência desde a longevidade dos brasileiros até o conjunto de mecanismos e instrumentos colocados à disposição dos entes públicos e dos cidadãos para garantir renda e sobrevida digna.

Destaca a relevância do tema previdenciário, o volume de recursos movimentados e o debate sobre a transparência, a amplitude e a democracia na gestão e administração e, ainda, a sustentabilidade do Regime Geral de Previdência da União.

No Capítulo II, intitulado *A Prvidência Social, a Magistratura e o Estado Democrático de Direito*, contamos com os artigos do Dr. Gabriel Tedesco Wedi,[3] Presidente da Associação dos Juízes Federais do Estado do Rio Grande do Sul – AJUFERGS –, do Dr.Luis Antonio Colussi,[4] Presidente da Associação dos Magistrados da Justiça do Trabalho da 4ª Região – AMATRA IV –, e da Dra. Valéria Eugênia Neves Willhelm,[5] Juíza de Direito do Estado do Rio Grande do Sul e psicóloga. Sustentam, tanto no âmbito político, como no institucional, jurídico, ético e até psicológico, a importância da integralidade da previdência pública aos membros da Magistratura, demonstrando cientificamente a importância da manutenção deste direito, com foco à preservação do bem estar social e ao respeito à cidadania.

O Dr. Gabriel Tedesco Wedi aborda a inconstitucionalidade da última reforma da Previdência em face de violação de cláusula pétrea da Separação dos Poderes, e de direito adquirido a proventos integrais aos magistrados que estão no exercício efetivo da magistratura. Analisa a inconstitucionalidade de eventual criação de um regime de previdência complementar privado para os juízes considerando a garantia e segurança do próprio Estado.

Já no Capítulo III, cujo título é *A Previdência Social e a Responsabilidade Ética do Estado*, composto pelos artigos do Dr. Marcelo Lemos Dornelles e Dr. André Janson Carvalho Leite,[6] e da Dra. Luciana Pereira da Costa e de Maria Isabel Pereira da Costa,[7] os auto-

---

[3] Artigo: A inconstitucionalidade da última Reforma da Previdência Pública dos Magistrados.

[4] Artigo: A previdência integral para os Membros do Poder Judiciário: Prerrogativa necessária para efetivação do Estado Democrático de Direito.

[5] Artigo: Das consequências da retirada do direito de aposentadoria com proventos integrais dos magistrados brasileiros: uma abordagem psicológica.

[6] Artigo: Previdência Social: Entre a ética da solidariedade e a ética de mercado.

[7] Artigo: A Responsabilidade Ética do Poder Público e a Previdência Social.

res, no que respeita à responsabilidade ética do Estado para com a Previdência Social, aludem que, em se tratando de um Estado Democrático de Direito, os valores tem papel significativo e a ordem constitucional deve se basear na dignidade da pessoa humana, objetivando a promoção dos fundamentos a que se propõe o Estado.

O Dr. Marcelo Lemos Dornelles, Presidente da Associação do Ministério Público do Rio Grande do Sul – AMPRS – e Dr. André Janson Carvalho Leite, também Promotor de Justiça do Estado do Rio Grande do Sul apresentam a ética e o direito como dimensões normativas do homem e a Previdência social fundada na ética da solidariedade que pouco se identifica com a ética de mercado porque a previdência que se pretende social não se resume à mera poupança, devendo o direito fundamental à Previdência Social atender ao fundamento da dignidade humana intimamente relacionado ao princípio ético da solidariedade.

As autoras, Luciana Pereira da Costa, Advogada especialista em direito previdenciário, com licenciatura e bacharelado em Filosofia pela UNISINOS, e Maria Isabel Pereira da Costa, Diretora do Departamento Extraordinário de Previdência de Magistrados e Pensionista da AJURIS, trazem uma análise sobre os fundamentos para uma conduta ética tanto dos indivíduos quanto dos entes públicos para a coexistência em um Estado Democrático de Direito. Alertam também para a concretização do Estado do Bem-Estar Social mediante a observância dos princípios democráticos e éticos por parte do poder público na garantia de uma aposentadoria digna ao cidadão.

Além dos artigos já referidos a obra traz em anexo o Parecer n° 26/2008 do Dr. Alexandre Mariotti, Auditor Substituto de Conselheiro do Tribunal de Contas do Estado do Rio Grande do Sul, onde este conselheiro, pessoa de notável saber jurídico, demonstra em parecer científico que o Regime de Previdência Próprio do Estado do Rio Grande do Sul, mesmo que seja na efetivação do sistema, ou seja, no momento da concessão, revisão e pagamento dos proventos e pensões à observância dos princípios constitucionais se faz necessária.

Sustenta o Conselheiro que os Princípios da Separação de Poderes e da Autonomia Constitucional precisam ser respeitados. Segundo o Conselheiro, a Lei 12.209 não poderia dispor contrariamente das Constituições Federal e Estadual, bem como aos regramentos legais de iniciativa dos demais Órgãos e Poderes não integrantes do Poder Executivo. Afirma, também, que a atribuição de conceder aposentadoria aos membros e servidores do Poder Judiciário, Ministério Público, do Tribunal de Contas, aos servidores da Assembleia Legislativa e aos ocupantes da Carreira e dos serviços auxiliares da Defensoria Pública continuaria a ser exercida pelas autoridades que os referidos Diplomas legais estabelecem.

A AJURIS, por entender que respeitar a autonomia entre os Poderes, além de ser uma imposição da Constituição Federal, é também uma questão de ÉTICA, traz o Parecer de n° 26/2008 em anexo nesta obra não só com o objetivo de alertar para o tema, mas também para informar que está trabalhando no assunto por seu Departamento Extraordinário de Previdência dos Magistrados e Pensionistas e também pela Comissão sobre o gestor único instituída pela União Gaúcha, onde participa com intensidade.

Assim, por todo o que exposto por os nossos autores, podemos concluir que não há justificativa para que o Estado do Rio Grande do Sul, com o fim de satisfazer o mercado financeiro crie um Regime de Previdência Completar em substituição ao Regime Próprio de Previdência dos Servidores Públicos em detrimentos dos cofres públicos, levando ao colapso a estrutura e funcionamento dos serviços públicos em desrespeito à aposentadoria digna dos servidores e em descumprimento ao dever ÉTICO e político do Poder Público em garantir o bem-estar do cidadão.

Maria Isabel Pereira da Costa
Diretora do Departamento Extraordinário de
Previdência dos Magistrados e Pensionistas da AJURIS

Capítulo I

A PREVIDÊNCIA SOCIAL ESTADUAL E FEDERAL:
gestão, custeio, déficit ou mito

1. Não há déficit nas contas do regime de previdência próprio do Estado do Rio Grande do Sul

ALEXANDRE WEINDORFER

Professor de Pesquisa Operacional nas Faculdades Integradas de Taquara/RS – FACCAT, tendo se graduado em Engenharia Elétrica pela Universidade Federal do Rio Grande do Sul – UFRGS. Também é Mestre em Engenharia de Produção, na área de Gestão de Serviços pelo Programa de Pós-Graduação em Engenharia de Produção da UFRGS e Especialista em Administração Tributária pela Faculdade Castelo Branco do Rio de Janeiro. email: aweindorfer@via-rs.com.br

Para que se possa emitir juízo das contas dos sistemas de previdência torna-se necessário um breve histórico das origens e dos pilares em que os sistemas de previdência basearam-se ao longo dos tempos.

Passos (2005) relata que desde a antiguidade se verifica a existência de algumas especiais proteções àqueles que atuavam diretamente junto ao Estado. Tratava-se de formas rudimentares de seguridade, onde as famílias dos guerreiros que combatiam eram amparadas, até como forma de incentivar esforços pelo soberano.

Seguindo o curso da história, com a evolução das estruturas dos estados, construíram-se máquinas burocráticas que acabaram por criar estruturas de proteção aos servidores.

Como relata Pinheiro (2002), verifica-se que em todo o mundo existe diferenciação entre os regimes previdenciários dos servidores públicos e dos demais trabalhadores. Essa distinção pode dar-se nos benefícios, nas regras de concessão ou na estrutura de gestão.

Segundo Bragança (2008), a proteção social no Brasil teve início por intermédio da assistência privada, por meio das obras religiosas e benemerências particulares. A Santa Casa de Santos, fundada em 1543, é considerada a mais antiga organização assistencial do Brasil. Seguindo esta, outras surgiram, como a Santa Casa do Rio de Janeiro, em 1584.

O autor destaca, ainda, que o Código Comercial de 1850 ordenava, em seu artigo 79, que os acidentes de trabalho que impedissem aos prepostos o exercício de suas atividades não interromperiam os seus salários, sob condição de que a inabilitação não perdurasse por mais do que três meses.

Ressalta Ramos (1988) que a primeira referência que se tem de um arranjo institucional de previdência de servidores públicos no Brasil ocorreu no final do século XVIII com a constituição do Montepio dos órfãos e viúvas dos oficiais da Marinha Mercante, em 1795. Nos mesmos moldes foi criado, em 1827, o Montepio do Exército, conhecido como Meio-soldo.

Verifica-se a época do Império os fundos mútuos como o do pessoal da Imprensa Nacional e o da Casa da Moeda. No início da República constituíram-se os fundos dos funcionários da Fazenda, dos servidores do Arsenal da Marinha e dos Funcionários da Estrada de Ferro Central do Brasil, todos estes, movimentos isolados, advindos de extratos sociais bastante organizados, sem haver, ainda, a participação efetiva do Estado no processo de proteção social. Eram planos de auxílio bastante restritos, os quais proporcionavam pequena proteção em caso de morte, doença, acidente de trabalho e velhice. A Carta Política de 1891 dispôs sobre a aposentadoria do servidor público, porém somente por invalidez. Dispunha no seu artigo 75: "A aposentadoria só poderá ser dada aos funcionários públicos em caso de invalidez no serviço da Nação".

O panorama modificou-se profundamente ao término da Primeira Grande Guerra. Sob a influência do espírito de renovação das estruturas sociais que pairava na época, a legislação previdenciária brasileira provou de grandes mudanças. O Decreto Legislativo 3.274, de 1919, regulou as relações decorrentes de acidente de trabalho, mas coube ao Decreto Legislativo 4.682, de 24 de Janeiro de 1923, mais conhecido como Lei Eloy Chaves, homenagem ao autor do projeto, Deputado Federal por São Paulo, o marco da previdência social no Brasil. Este decreto possibilitou aos trabalhadores das estradas de ferro a instituição da sua Caixa de Aposentadoria e Pensão (CAP), por empresa, com a participação financeira das empresas. Na mesma linha a Lei 20.465, de 1º de outubro de 1931, criou condições para se estruturar e expandir o sistema de CAPs (Bragança, 2008) e (Passos, 2005).

A criação do primeiro instituto data de 1926, chamado de Instituto de Previdência e Assistência dos Funcionários Públicos da União, pela Lei 5.128, de 31 de Dezembro. Através do Decreto 24.563, de 3 de julho de 1934, passa a ser denominado de Instituto Nacional de Previdência, depois incorporado ao Instituto de Previdência e Assistência dos Servidores do Estado (IPASE). O IPASE, por sua vez, foi criado pelo Decreto-lei 288, de 23 de dezembro de 1938, subsistiu até 1977, com a criação do Sistema Nacional de Previdência Social (SINPAS) e seu patrimônio foi incorporado ao Instituto Nacional de Previdência Social (INPS).

O SINPAS reuniu o INPS, o INAMPS (Instituto Nacional de Assistência Médica da Previdência Social) e o IAPAS (Instituto de Administração da Previdência e Assistência Social), e reformulou órgãos de assistência social (LBA, FUNABEM) e criou o DATAPREV (Centro de Processamento de Dados da Previdência Social). O SINPAS foi uma tentativa de modernizar administrativamente o sistema previdenciário devido à sua inoperância e à baixa eficiência dos serviços de saúde (Silva, 2000).

O IPASE tinha características bastante singulares, visto que seu plano de benefícios não contemplava aposentadoria, esta era suportada pelo Tesouro Público. Também há de se destacar a abertura dada pela sua legislação para o rol de contribuintes, não se restringia apenas aos federais, acolhendo servidores estaduais e municipais, conforme se verifica na sua redação original (Passos, 2005):

"Art. 3º São contribuintes obrigatórios do IPASE:
- os funcionários civis efetivos, interinos, ou em comissão;
- os extranumerários que executem serviços de natureza permanente;
- os empregados do próprio instituto.
Art. 4º São contribuintes facultativos do IPASE os que exercem função pública civil ou militar, federal, estadual, ou municipal inclusive os membros do Poder Legislativo e do Executivo."

O sistema dos Institutos de Aposentadorias e Pensões (IAPs) foi estruturado em 1933 com o pioneiro Instituto de Aposentadorias e Pensões dos Marítimos (IAPM), através do Decreto 22.872, de 29 de junho de 1933. Os IAPs propiciavam um alcance maior do que as antigas CAPs porque absorviam todos os trabalhadores de uma determinada macrocategoria.

A Constituição de 1934 foi a primeira a tratar dos direitos dos servidores públicos e estabelecer regras para seu sistema previdenciário (César, 1995).

Marco importante aconteceu em 1952 com a adoção do Estatuto dos Funcionários Públicos que nasceu sob forte influência do estatuto do funcionalismo francês de 1947. Mais uma vez se consolida o conceito de que a aposentadoria dos servidores públicos estatutários seria uma retribuição diferida dos serviços prestados, conhecida como *pro labore facto*. Como ressalta Silva *apud* Passos (2005): "O benefício de aposentadoria, neste conceito, não decorre de contrapartida a contribuições vertidas a um sistema previdenciário".

Até o momento apresentou-se o histórico dos servidores federais. Para o caso dos estados é importante registrar a criação do Sistema de Previdência dos Servidores do Estado de Sergipe, em 1881, a criação do Instituto de Previdência de Salvador, em 1883, entre outras instituições estaduais e municipais criadas para prover os servidores de benefícios referentes à pensão e assistência médica e social, sendo a aposentadoria sempre de responsabilidade dos tesouros públicos (Passos, 2005).

Ressalta Andrade (1999) que é de suma importância ter-se a ideia clara de que o financiamento dos sistemas de previdência no Brasil sempre foram todos de capitalização e nunca de repartição simples.[1] Como textualmente esclarece:

"... O ponto de partida para a compreensão da trajetória econômico-financeira da Previdência Social brasileira está na singularidade que demarca a constituição de sua base de financiamento. Tal especificidade reside no fato do sistema não estar, desde o surgimento das primeiras entidades previdenciárias, fundado com base em um esquema de repartição simples. Ao contrário, o sistema de repartição no Brasil foi, com efeito, resultante de um processo político e institucional específico – caracterizado pela transformação de uma estrutura de segu-

---

[1] Sistema de Repartição Simples: não existe capitalização, a geração atual financia a anterior e a geração posterior financiará a atual.

ro social de base setorial-corporativa (os institutos e caixas de aposentadorias e pensões) com mecanismos de financiamento organizados dentro dos padrões mais tipicamente voltados para a capitalização – , para uma estrutura mais característica de sistemas de repartição *pay-as-you-go...*"

Nesta linha, verifica-se que a estrutura dos Sistemas de Previdência no Brasil, CAPs e IAPs, foi baseada na Capitalização. Não pairam dúvidas sobre esta afirmação quando da leitura da legislação que cria o IPASE. O Decreto-lei 288/38 assim o afirma:

"Art. 26 As reservas e disponibilidades do IPASE serão aplicadas em operações de crédito realizadas com seus contribuintes, em imóveis, títulos com garantia real e títulos garantidos pelo governo federal.
Art. 27 As percentagens das reservas e disponibilidades a atribuir a cada gênero de operação, condições e taxas serão fixadas pelo órgão atuarial do IPASE.
Art. 28 O regulamento fixará as condições para operações sobre imóveis, assim como o financiamento de construções."

O Estado do Rio Grande do Sul criou seu instituto de previdência para os servidores públicos – IPERGS – através do Decreto 4.842, de 8 de Agosto de 1931, com a missão de prover previdência e assistência social. Deixando também sob a responsabilidade do Tesouro as despesas com a aposentadoria dos servidores (Rio Grande do Sul, 1931b).

A partir de 1964, com o processo de reformas, a União passou a concentrar uma grande fatia das suas contratações com os chamados celetistas, servidores com vinculação previdenciária ao regime geral, ou seja, o INPS. Assim continuou contratando até a Constituição de 1988, quando foi previsto o Regime Jurídico Único dos Servidores, unificando as formas de contratação. Este regime jurídico remeteu toda forma de contratação através de concursos públicos e todos os servidores seriam regidos pelo mesmo estatuto. Teriam, consequentemente, o mesmo regime previdenciário. Fato histórico foi a instituição do aspecto contributivo, rompendo com a antiga tradição do *pro labore facto.* Tornaram-se estáveis todos aqueles que tivessem sido admitidos antes de 5 de Outubro de 1983 (cinco anos antes da Carta Política), favorecendo os que não haviam prestado concurso público. Nesta transposição "automática" converteram-se servidores celetistas em estatutários. À época, 1990, 80% dos servidores da União eram celetistas (Silva *apud* Passos, 2005). Se por um lado tal ação significou uma enorme economia para os cofres públicos, tendo em vista que a União deixou de contribuir com 22% de contribuição previdenciária que pagava ao INSS e mais 8% relativos ao FGTS, por outro lado assumiu um enorme passivo de encargos futuros. Após esta medida, verificou-se enorme aumento nos pedidos de aposentadoria. Os estados e municípios, conforme cultura federalista, seguiram a solução adotada pela União, absorvendo celetistas e instituindo milhares de regimes próprios sem qualquer respaldo técnico, mas usufruindo um imenso alívio de caixa momentâneo (Rio Grande do Sul, 1994).

Os servidores públicos do Rio Grande do Sul, como já verificado, são atendidos pelo IPERGS; já os encargos de aposentadoria são suportados pelo Tesouro do Estado. Esta situação, segundo alguns, causa enormes prejuízos para o Estado porque, hoje (dados de 2007), a arrecadação mensal com previdência soma 50 milhões de reais por parte da parcela dos servidores e mais 90 milhões de reais por parte da parcela do Estado. Em contra partida, a folha mensal dos servidores inativos atinge 390 milhões de reais. Com este panorama é afirmada a existência de um enorme déficit previdenciário no Estado do Rio Grande do Sul.

Diante desta afirmação de déficit infere-se, imediatamente, a análise dos percentuais de contribuição e dos montantes de capitalização propostos no atual regime, para que se possa verificar as causas deste déficit, a fim de que se estude uma medida corretiva para a melhoria das contas públicas relativas à previdência no Estado do Rio Grande do Sul.

Há de se verificar a alíquota adotada pelo Estado do Rio Grande do Sul. A Constituição Federal estabelece em seu artigo 149, parágrafo primeiro: "Os Estados, o Distrito Federal e os Municípios instituirão contribuição, cobrada de seus servidores, para o custeio, em benefício destes, do regime previdenciário de que trata o art. 40, cuja alíquota não será inferior à da contribuição dos servidores titulares de cargos efetivos da União". O artigo 40, por sua vez, explicita que o regime de previdência deverá ser contributivo e solidário e que sejam *observados critérios que preservem o equilíbrio financeiro e atuarial"*, Brasil (1988). Seguindo esta orientação, o Rio Grande do Sul desenvolveu sua legislação adotando os percentuais de 11% (onze por cento) para a alíquota de contribuição para previdência[2] de responsabilidade do servidor e 22% (vinte e dois por cento) para a alíquota de contribuição de responsabilidade do Estado (Rio Grande do Sul, 1994).

Para se verificar a consistência dessas alíquotas, torna-se necessário elaborar um ensaio dos montantes capitalizáveis para atender os compromissos futuros das aposentadorias dos servidores.

Dessa forma, convida-se o leitor a acompanhar um breve ensaio da capitalização conseguida através das alíquotas propostas. Para simplificação matemática e para um melhor entendimento far-se-á a simulação de um servidor que ingressa no serviço público no início da carreira através de concurso público. Este servidor teórico ingressará, então, numa carreira com salário inicial de R$ 10.000,00 (dez mil reais). Pelas atuais regras do Regime Único dos Servidores do Estado do Rio Grande do Sul Rio Grande do Sul (1994), este servidor poderá alcançar aproximadamente[3] 60% (sessenta por cento) de benefícios ou avanços incorporados ao seu salário inicial quando do chegar ao final dos seus 35 anos de carreira. Nestes 35 anos de carreira, tal servidor contribuirá com 11% do seu salário, e o Estado com 22%, para a formação do montante capitalizado que será utilizado para prover seus proventos de aposentadoria.

Fato importante que deve ser registrado é que com as Emendas Constitucionais números 41, de 19 de Dezembro de 2003, e 47, de 5 de Julho de 2005, o percentual de 60% de benefícios ou avanços incorporados ao salário do servidor hipotético não será totalmente incorporado aos proventos de aposentadoria, pois tais emendas constitucionais implementaram o chamado regime das médias, que, dependendo de cada caso, reduzirá os valores das aposentadorias. São regras específicas que dependem do tempo de serviço público prestado, ano de ingresso, idade do servidor por ocasião da aposentadoria e outras, requerendo trabalho específico para sua total interpretação. Por isso não serão objeto deste trabalho. Mas o percentual de 60% de incorporação, seguramente, por ocasião da aposentadoria, será diminuído pela aplicação dessas regras.

---

[2] Previdência no sentido de aposentadoria e cobertura, visto que já existe mais uma alíquota de 3,1%, referente à saúde e assistência.

[3] O percentual proposto como médio das carreiras do Executivo. Algumas carreiras não conseguem atingir este percentual e outras, este percentual poderá ser excedido.

Também não foram incorporadas aos cálculos as perdas na formação dos montantes devido à aposentadoria por invalidez e pensão por morte. Tais reveses podem afetar sensivelmente o montante, mas como o objetivo deste trabalho não é chegar a um resultado exato de superávit, apenas verificar sua existência, não se incorporará estas perdas de formação de montante nos cálculos de simulação.

Para a construção de uma série de capitalização com fator de acumulação de capital verifica-se a necessidade de se ter uma taxa de juros anual. A taxa de juros adotada será a de 6% ao ano, por ser a taxa de juros admitida na estrutura técnica dos planos de previdência, conforme disposto no Anexo I, Portaria 4.992/99, do Ministério da Previdência Social (Magro, 2006).

Como existe contribuição previdenciária sobre o décimo terceiro salário, na construção da séria de capitalização será utilizado o artifício de se capitalizarem estas contribuições em separado, adicionando-as ao montante no final. Dessa forma, poder-se-á apresentar os cálculos de forma mais clara e elucidativa, apenas fazendo uso da Matemática Básica.

A parcela de capitalização mensal será de R$ 3.300,00 (três mil e trezentos reais), fruto da contribuição de 11% do servidor hipotético – R$ 10.000,00 x 11% = R$ 1.100,00 – e mais 22% do Estado – R$ 10.000,00 x 22% = R$ 2.200,00.

Os dados acima apresentados permitem a elaboração do seguinte quadro resumo dos dados para a simulação:

Quadro resumo para simulação

Salário Inicial		R$ 10.000,00
Salário Final	10.000 + 60%	R$ 16.000,00
Período de Capitalização	12 meses x 35 anos	420 Meses
Taxa de Juros	6% ao ano	0,486755% ao mês
Parcela de capitalização		R$ 3.300,00 ao mês

Resta, então, calcular-se o montante capitalizado durante os 35 anos de trabalho do servidor. Para isso far-se-á uso da fórmula de capitalização de capital através de uma série de pagamentos (Morgado & Cesar, 2006):

$$S_{ni} = \frac{(1+i)^n - 1}{i}$$

Onde:
S = Fator de acumulação de capital;
i = Taxa de juros, no caso específico 6% ao ano ou 0,486755% ao mês;
n = Número de meses ou anos da acumulação.

Por fim, multiplicando-se o fator de acumulação de capital pelo valor da parcela acumulada mês a mês teremos o montante total que estará disponível para responder aos salários de benefício deste servidor que se aposentará.

Então, para os salários teremos:[4]

$$S^1_{420\ 0,004867552} = \frac{(1+0,00486755)^{420} - 1}{0,00486755} = 1373,6037$$

Conforme já referido, para o caso da contribuição do décimo terceiro teremos:

$$S^2_{35\ 0,06} = \frac{(1+0,06)^{35} - 1}{0,06} = 111,4347$$

O montante total que estará disponível para atender os futuros encargos de aposentadoria do servidor hipotético será:

Montante = Parcela de capitalização x $(S^1 + S^2)$ =
Então:
Montante = 3.300 x (1373,6037 + 111,4347) =

Tem-se como resultado final:
Montante = R$ 4.900.626,72

---

[4] Fórmulas financeiras usam o valor da taxa de juros expresso na sua forma nominal, retirando-se o % (por cento), então, dividido por 100.

Retomando a afirmação de déficit, infere-se, imediatamente, que a pergunta que deve ser respondida é a seguinte: O montante acumulado durante os trinta e cinco anos de trabalho será suficiente para arcar com as despesas de aposentadoria do servidor hipotético? A resposta é um sonoro SIM, ou seja, NÃO SE VERIFICA DÉFICIT PREVIDENCIÁRIO no modelo ora proposto no Rio Grande do Sul. Esta resposta é sustentada pela seguinte conta matemática: o montante, fruto da acumulação de capital ao longo dos 35 anos, continua a render juros de 6% ao ano, ou 0,48% ao mês, e só agora, com a aposentação do servidor hipotético, deverá sustentar um benefício de aposentadoria de R$ 16.000,00 (dezesseis mil reais) mensais. Teremos um rendimento mensal de R$ 23.854,04 (R$ 4.900.626,72 x 0,48%) e uma despesa mensal de R$ 16.000,00, restando ainda a diferença de R$ 7.854,04 (23.854,04 – 16.000,00), ou seja, o montante continuará crescendo mesmo remunerando a aposentação.

Há de se registrar que o servidor aposentado continuará a contribuir para a previdência. Com isso, somados aos já R$ 7.854,04, ter-se-ão mais R$ 5.280,00 (R$ 16.000,00 x 33%), chegando-se a expressivos R$ 13.134,04 mensais de SUPERAVIT. Cabe ainda ressaltar que na série de pagamentos com acumulação proposta na simulação, por motivo de simplificação matemática, adotou-se que, ao longo dos trinta e cinco anos de contribuição previdenciária do servidor hipotético, a parcela seria fixa, o que não é verdade, pois ela deveria ir aumentando conforme o salário do servidor fosse aumentando, para chegar ao valor de R$ 5.280,00 (R$ 16.000,00 x 33%), referente à última contribuição do servidor antes da aposentadoria. Tal simplificação foi adotada para evitar-se o uso da Matemática Superior, que não é objeto deste trabalho, mas pode-se afirmar que tal medida acarretaria um aumento de 20% no total do montante capitalizado.

Simulações realizadas apontam que a partir dos 24 anos de contribuição, fazendo-se uso das atuais alíquotas, já se alcança um equilíbrio entre montante capitalizado e rendimentos para despesas com aposentadoria, o que leva, mais uma vez, a realçar a tendência superavitária do regime previdenciário do Rio Grande do Sul.

Como o montante capitalizado estará sempre crescendo e o servidor aposentado virá a falecer anos após sua aposentadoria, não importando qual a perspectiva de vida do servidor, porque o montante estará sempre aumentando, deduz-se que, após sua morte e de seu cônjuge, o montante capitalizado reverterá aos cofres públicos, gerando uma receita extra.

A pergunta que resta não respondida é: por que, então, os números de receitas com arrecadação e despesas com aposentadoria são tão desiguais? Onde reside o problema das contas previdenciárias do Rio Grande do Sul?

Retornando ao breve histórico das origens e pilares dos sistemas de previdência ao longo dos tempos verifica-se que todos os sistemas de previdência foram baseados na capitalização de montantes para no futuro arcar com os compromissos da aposentadoria. Este sistema permite alíquotas menores de contribuição do que sistemas de repartição simples.[5] Não existe no Rio Grande do Sul um fundo de capitalização para aposentadorias como o proposto no exemplo hipotético deste trabalho. Toda a arrecadação previdenciária é destinada às despesas com as aposentadorias.

Outro caráter importante é a existência de uma enorme massa de servidores aposentados que foram transpostos do regime celetista ao estatutário, visto que o Rio Grande do Sul, a reboque do feito na União com a Lei 8112/90, também tornou estatutários todos aqueles servidores que tivessem sido admitidos antes de 5 de outubro de 1983, assumindo um enorme passivo de encargos futuros, que ora sente-se nas contas públicas.

Por fim, o fato histórico da instituição do aspecto contributivo, rompendo com a antiga tradição do *pro labore facto*, criou uma nova visão dos sistemas previdenciários públicos. Passou-se a focar estes sistemas como um conjunto de direitos e obrigações que deveriam ser auto-sustentáveis, mas jamais se cogitou de que forma se enfrentaria o passivo acumulado antes da Carta Política de 1988. Ora, tal visão só é possível se iniciar-se a análise dos regimes a partir dos servidores que ingressaram após o rompimento da antiga tradição. Há que se analisar as contas dos regimes previdenciários dos servidores públicos visualizando uma capitalização dos servidores que iniciaram suas atividades após o rompimento da tradição, caso contrário jamais ter-se-á a capitalização necessária para se financiar as aposentadorias. A visão de se usar as novas contribuições, criadas após a Carta Política de 1988, como fonte de recursos para financiar o passivo de antigas aposentadorias, que nunca tiveram seus

---

[5] Sistema de Repartição Simples: não existe capitalização, a geração atual financia a anterior e a geração posterior financiará a atual.

respectivos fundos de capitalização implementados, é distorcida, e afasta-se de toda ideia de fundo de aposentadoria. O alívio de caixa criado pela transposição dos antigos celetistas em estatutários deveria ter sido aproveitado para que se iniciasse algum tipo de regime de capitalização, tendo em vista os compromissos futuros assumidos com esta ação.

Conclusão

O objetivo desse trabalho não é criar um modelo matemático para justificar o desempenho das contas públicas do regime de previdência do Estado do Rio Grande do Sul, tampouco construir uma alternativa de solução para essas contas, mas verificar, fazendo uso da matemática, o problema dessas contas de previdência e inferir que tal problema deve ser tratado de forma mais ampla, encarando suas reais causas. É indiscutível que não se pode tomar os dados apresentados de forma indiscriminada e afirmar que o regime de previdência próprio do Estado do Rio Grande do Sul é deficitário. Esta declaração não tem respaldo algum por incluir na relação de suas despesas as aposentadorias anteriores à constituição do regime contributivo.

Os históricos dos regimes de previdência no Brasil sempre se referiram aos planos de aposentadoria como planos onde o aspecto da capitalização é necessário para a sua viabilidade, visto que a grande maioria deles adotou tal regime.

Diante dos fatos históricos apresentados e da pequena simulação matemática realizada, são diversas as conclusões que se pode verificar.

As alíquotas adotadas pelo Regime Próprio de Previdência dos Servidores do Estado do Rio Grande do Sul são alíquotas suficientes para construírem um montante capitalizado capaz de fazer frente aos futuros compromissos dos salários de aposentadoria dos seus servidores. Trabalhos futuros com um maior refino matemático poderiam estimar qual o montante de superávit que tais alíquotas estariam produzindo para os cofres públicos.

A medida adotada pela Constituição de 1988, a qual transformou os servidores celetistas contratados a partir de 1964 em servidores estatutários, provendo-os de todas prerrogativas dos servidores concursados, teve enorme impacto nas contas de aposentadoria dos sistemas de previdência próprios dos Estados e da União. O Estado do Rio Grande do Sul seguiu a mesma estratégia da União e liberou recursos a curto prazo, furtando-se de pagar encargos com o INSS e o FGTS dos antigos celetistas, mas assumindo encargos futuros enormes em suas contas de previdência, os quais contribuem para o aumento dos passivos previdenciários.

O rompimento pela Carta Política da antiga tradição de que a aposentadoria do servidor seria uma retribuição diferida dos serviços prestados, o *pro labore facto*, mudou a forma de visão dos sistemas de previdência próprios, mas tal texto constitucional apenas instituiu a contribuição, não dando nenhum rumo para a forma contábil de como deveriam ser tratados os encargos de aposentadoria anteriores a tal orientação.

A ausência, até os dias de hoje, de um fundo de capitalização para o sistema de previdência do Estado do Rio Grande do Sul remete tal sistema a uma situação onde, tendo em vista os valores das suas receitas e despesas, é declarado erroneamente de deficitário, sendo responsabilizado pelo estado das contas públicas do Estado do Rio Grande do Sul.

Por fim, interpreta-se que o Sistema de Previdência Própria dos Servidores do Estado do Rio Grande do Sul não é deficitário, pelo contrário: o sistema é superavitário, estando o seu desempenho comprometido por conta de encargos estranhos à sua proposta, os quais lhe foram remetidos. Tais encargos, anteriores a nova proposta de implementação segundo a Constituição de 1988, e as interpretações desfocadas de alguns especialistas, que por vezes anunciam, erroneamente, um déficit descabido do sistema, maculam o caráter superavitário deste regime de previdência.

Referências

ANDRADE, E. I. G. Equilíbrio da previdência social brasileira: 1945-1997 (Componentes econômico, demográfico e institucional). Tese de Doutorado, Cedeplar-UFMG, Belo Horizonte, 1999.

BRAGANÇA, K. H. *Direito Previdenciário*, 4ª ed. Rio de Janeiro: Lumen Juris, 2008.

BRASIL, Constituição. *Constituição da República Federativa do Brasil*. Brasília, DF: Senado, 1988.

CÉSAR, A. *A previdência Social nas Constituições*. Rio de Janeiro: Edições Trabalhistas, 1995.

MAGRO, F. H. S. *Avaliação da Previdência Social do Governo do Estado do Rio Grande do Sul*, Nota técnica 1.198/06 Porto Alegre: Instituto de Previdência do RS, 2006.

MORGADO, A. C. & CESAR, B. *Matemática Financeira*, 2ª ed. Rio de Janeiro: Elsevier-Campus, 2006.

PASSOS, B. C. *IDP – Índice de Desenvolvimento Previdenciário*, Rio de Janeiro: E-Papers Serviços Editoriais, 2005.

PINHEIRO, V. C. *A Unificação dos Regimes de Previdência dos Servidores Públicos e Trabalhadores Privados*: Experiência Internacional, Informe da Previdência Social do MPS, v14, n14, 2002.

RAMOS, S. G. *Noções de Previdência Privada Aberta*. Rio de Janeiro: Editora Funenseg, 1988.

RIO GRANDE DO SUL. *Estatuto e Regime Jurídico Único dos Servidores Públicos Civis do Estado do RS*. Lei Complementar N.º 10.098, de 03 de Fevereiro de 1994. Porto Alegre, Assembléia Legislativa, 1994.

RIO GRANDE DO SUL. *Crêa o Instituto de Previdência do Estado do Rio Grande do Sul*. Decreto N.º 4.842, de 08 de Agosto de 1931. Porto Alegre, Assembléia Legislativa, 1931b. Em: <www.al.rs.gov.br/legis>

SILVA, I. F. *O processo decisório nas instâncias colegiadas do SUS no Estado do Rio de Janeiro*. [Mestrado] Fundação Oswaldo Cruz, Escola Nacional de Saúde Pública; 2000. Em: <http://portalteses.cict.fiocruz.br>

2. Previdência e Seguridade Social, a consistência dos recursos orçamentários ou o mito do déficit

VILSON ANTONIO ROMERO

Jornalista, administrador público e de empresas, auditor fiscal da Receita Federal do Brasil, Diretor de Direitos Sociais e Imprensa Livre da Associação Riograndense de Imprensa, Diretor de Política de Classe da Associação Gaúcha dos Auditores Fiscais da Receita Federal do Brasil e Diretor Suplente da Fundação ANFIP de Estudos da Seguridade Social. Presidente da Delegacia Sindical em Porto Alegre (RS) do Sindifisco Nacional – Sindicato Nacional dos Auditores Fiscais da Receita Federal do Brasil.

Sumário: 2.1. Introdução; 2.2. A Seguridade Social brasileira; 2.3. A Previdência Social; 2.4. O Regime Geral de Previdência Social; 2.4.1. Assistência Social; 2.4.2. Desequilíbrio rural; 2.4.3. Renúncia fiscal; 3. Conclusão.

2.1. Introdução

A Síntese dos Indicadores Sociais, baseada na Pesquisa Nacional por Amostras de Domicílios (PNAD), do IBGE, traz números de 2007 que afetam a previdência social, sem sombra de dúvidas.

A tendência de elevação da expectativa de vida está sendo potencializada pela redução das taxas de natalidade. Trocando em miúdos, os brasileiros cada dia vivem um pouco mais – 72,7 anos é a atual média – e querem ter uma prole menor – a taxa de fecundidade feminina caiu de 2,54 para 1,95 filhos para cada mulher nos últimos dez anos.

Uma outra projeção que acrescenta tormento aos formuladores das políticas sociais brasileiras foi revelada em estudo divulgado pelo Instituto de Pesquisa Econômica Aplicada (Ipea).

Na mesma linha dos números do IBGE, a análise do Ipea dá conta que a população nacional está ficando mais velha e, a partir de 2030, começará a diminuir, espelhando uma realidade que já se constata em países da Europa Ocidental, Rússia e Japão, só para citar os casos mais evidentes.

A população brasileira está vivendo mais, em decorrência de inúmeros fatores, entre eles, a melhoria de condições de vida, com aperfeiçoamento do saneamento básico e surgimento de técnicas terapêuticas que possibilitam um alongamento do horizonte temporal dos indivíduos.

Aliado a isto, como já mencionamos, está o fato de que nascem menos brasileiros, proporcionalmente à população, como comprovam os indicadores de natalidade, que se reduziram substancialmente nas últimas décadas.

Por consequência, aumenta o número de idosos e dos que acorrem aos cofres e guichês do Estado (União, Estados, Distrito Federal e Municípios), na busca de recursos para prover sua velhice ou incapacidade laborativa.

Há ainda a alavancagem negativa da ocupação da força de trabalho, muito em razão da redução das taxas de reposição de trabalhadores no mercado formal, como em decorrência dos ciclos econômicos recessivos, que alijam parcela da população deste mesmo mercado.

No meio desta discussão toda, e também a partir dela, surge a questão da previdência ou do seguro social, assim entendido como "o conjunto de mecanismos e instrumentos colocados à disposição de entes públicos e cidadãos com o fito de garantir renda e sobrevida digna a estes, quando de sua velhice ou perda de capacidade laborativa".

Diante da relevância do assunto e o volume de recursos movimentados, o debate sobre mudanças no âmbito deste arcabouço legislativo prescinde, antes de tudo, de transparência, amplitude e democracia na apresentação de propostas e discussão de ideias.

Pretendemos demonstrar a suficiência de recursos no sistema de seguro social brasileiro, capaz de, inequivocamente, garantir qualidade e capacidade na manutenção dos benefícios do Regime Geral de Previdência Social (RGPS), administrado pela autarquia vinculada ao Ministério da Previdência Social (MPS), o Instituto Nacional do Seguro Social (INSS).

2.2. A Seguridade Social brasileira

A Carta Magna de 1988 trouxe, para nossa realidade, um novo conceito para a cidadania nacional: o da seguridade social, que compreende um conjunto de ações destinadas a assegurar o direito relativo à saúde, previdência e assistência social. (Art. 194 da Constituição Federal)

Por outro lado, somente com recursos podem ser promovidos os programas sociais. E esta é a determinação constitucional: a Seguridade Social é financiada por toda a sociedade de forma direta e indireta, por meio de recursos provenientes da União, dos Estados, do Distrito Federal e dos Municípios e de contribuições sociais, tais como Cofins, Contribuição sobre o Lucro Líquido, Concursos de Prognósticos, Contribuição sobre a Folha de Salários, entre outras fontes. (Art. 195 da Constituição Federal).

Pois como se vê, a previdência social se constitui num dos braços desta Seguridade Social, que engloba, praticamente, o conjunto de programas constituidores do amortecedor social das mazelas de nosso País.

Segundo o texto constitucional, a saúde "é um direito de todos e dever do Estado"; a assistência social é "devida a quem dela necessitar" (aí estão os programas Bolsa-família, Vale-gás, etc), e a previdência social é, intrinsecamente, um regime contributivo, ou seja, a previdência, como tal, é devida a quem contribui para tanto, com o acréscimo de que qualquer regime com o fito de garantir condições dignas de sobrevida ao termo da atividade laborativa deve ter equilíbrio atuarial e financeiro.

No ano de 2008, todas as receitas constitucionais do sistema de Seguridade Social alcançaram R$ 364 bilhões.

E quais são estas receitas? São as decorrentes da arrecadação da Receita Previdenciária – vinda de empresas, empregados e contribuintes individuais, da Contribuição para o Financiamento da Seguridade Social (Cofins), da Contribuição Social sobre o Lucro Líquido (CSLL), do PIS/Pasep, dos concursos de prognósticos, além de outras Receitas Próprias.

Na outra ponta do "caderninho" estão os pagamentos ou as destinações destes recursos. Nas despesas específicas e nos programas constitucionais da Seguridade Social foram desembolsados, durante todo o ano passado, pouco mais de R$ 312 bilhões.

Que desembolsos são estes? São as destinações de verbas para os benefícios previdenciários urbanos e rurais, para os benefícios assistenciais da Lei Orgânica da Assistência Social e de Renda Mensal Vitalícia, para a Saúde, além de programas do FAT – Fundo de Amparo ao Trabalhador, entre outros.

Portanto o Orçamento da Seguridade Social, segundo extração e consolidação efetuada pela Fundação Anfip de Estudos da Seguridade Social a partir de dados oficiais do Ministério da Previdência Social (MPS) e do Sistema Integrado de Administração Financeira do Governo Federal (Siafi), resultou superavitário ao final de 2008 em R$ 52,30 bilhões.

Desde 2001, este superávit acumulado já atinge a fábula dos R$ 357 bilhões.

Quadro I

Orçamento da Seguridade Social: receitas e despesas do RGPS - 2007 e 2008

Receitas realizadas Classificação	em R$ milhões correntes	
	2007	2008
1. Receita de contribuições sociais	342.298,8	358.914,1
Receita Previdenciária Líquida RGPS[1]	140.411,8	163.355,3
COFINS	101.835,1	119.344,7
CPMF[4]	36.382,2	971,3
CSLL	33.638,6	42.365,7
PIS / PASEP	26.121,0	30.830,1
Contribuição p/ Correção FGTS[2]	2.005,7	*****
Concursos de Prognósticos e Outras Contribuições	1.904,3	2.047,1
2. Receitas próprias dos órgãos e entidades da Seguridade	3.374,9	3.991,9
Recursos próprios do MDS	64,5	161,5
Recursos próprios do MPS	963,2	795,6
Recursos próprios do MS	2.043,0	2.708,2
Taxas de órgãos e entidades	304,2	326,6
3. Contrapartida do Orçamento Fiscal para EPU	1.613,1	2.048,7
Receita Total (1+2+3)	**347.286,8**	**364.954,7**

Despesas liquidadas Classificação	2007	2008
1. Benefícios Previdenciários	185.293,5	200.811,9
Previdenciários urbanos	143.478,8	153.682,5
Previdenciários rurais	36.682,9	41.763,8
Pagamentos judiciais	5.131,8	5.365,6
2. Benefícios assistenciais	13.468,3	15.640,5
Assistenciais - LOAS	11.566,5	13.747,9
Assistenciais - RMV	1.901,8	1.892,6
3. Compensação previdenciária[3]	******	612,2
4. Benefícios de transferência de renda	8.942,9	10.604,6
5. EPU - benefícios especiais	1.613,1	2.048,7
6. Saúde: pessoal ativo e outras despesas MS	45.797,2	50.265,1
7. Assistência social: pessoal ativo e outras despesas MDS	2.302,3	2.598,9
8. Previdência social: pessoal ativo e outras despesas MPS	4.792,1	4.753,5
9. Outras ações da Seguridade Social	3.525,1	3.903,6
10. Benefícios FAT	17.951,4	20.689,5
11. Outras ações do FAT	685,0	724,5
12. Complementação do FGTS e outras ações[2]	1.988,0	*****
Despesa Total (1+2+3+4+5+6+7+8+9+10+11+12)	286.359,0	312.653,0
Saldo da Seguridade Social (RGPS)	**60.927,9**	**52.301,7**

Fonte: MPS (dados previdenciários em regime de caixa); para os demais, SIAFI, Elaboração ANFIP e Fundação ANFIP

2.3. A Previdência Social

Com quase nove décadas de existência oficial em solo brasileiro, o sistema de Previdência Social se renova a cada ano, apesar das intempéries que se lhe abatem com frequência, como as agora decorrentes da perda de empregos em razão do dominó da crise internacional.

Ao longo deste tempo, consolidou-se e passou a ser o que, definitivamente, está consignado em seu portal eletrônico: "A Previdência Social é o seguro social para a pessoa que contribui. É uma instituição pública que tem como objetivo reconhecer e conceder direitos aos seus segurados. A renda transferida pela Previdência Social é utilizada para substituir a renda do trabalhador contribuinte, quando ele perde a capacidade de trabalho, seja pela doença,

ÉTICA E A PREVIDÊNCIA PÚBLICA E PRIVADA

invalidez, idade avançada, morte e desemprego involuntário, ou mesmo a maternidade e a reclusão." (www.previdencia.gov.br)

Como sabemos, não foi construída de uma hora para outra esta estrutura gigantesca que beneficia diretamente 25 milhões de brasileiros, mantém parcela significativa da população em patamares dignos de sobrevivência, repõe a condição de cidadãos a uma imensidade de irmãos nossos e representa um grande impulso às economias da maioria dos municípios brasileiros.

O registro mais remoto data de março de 1888, quando o Decreto 9912 abriu a possibilidade de aposentadoria aos empregados dos Correios. Na oportunidade, já era estipulado, para obtenção do benefício, o tempo de serviço de 30 anos, conjugado com a idade mínima de 60 anos.

O debate sobre a fixação de uma idade mínima também ressurge neste ano da graça de 2009, com as deliberações sobre o fim do fator previdenciário.

Mas o marco oficial do surgimento da Previdência Social no Brasil é, de fato, a Lei Elói Chaves, aliás, um Decreto, de número 4.682, de 24 de janeiro de 1923. Por este ato legal era criada a Caixa de Aposentadoria e Pensões para os empregados de cada empresa ferroviária em atividade na época.

O sistema sofreu incontáveis mutações no decorrer dos 86 anos seguintes, e a autarquia hoje gestora do regime público mira no futuro, pretendendo que nos próximos anos a Previdência Social brasileira seja "reconhecida como patrimônio do trabalhador e sua família, pela sustentabilidade dos regimes previdenciários e pela excelência na gestão, cobertura e atendimento".

A estrutura previdenciária tem dado mostras de ingressar em novos tempos, com providências de gestão como a concessão da aposentadoria por idade em 30 minutos, a eficácia na fiscalização e na arrecadação com a atuação integrada com a Secretaria da Receita Federal do Brasil e a elevação dos níveis de recuperação de créditos (cobrança de dívidas).

Tudo tem alavancado resultados evidentes na redução do chamado "déficit", com consequente modernização do seguro social, aliado ao profissionalismo gerencial.

No atual cenário, por mais nebuloso que seja, percebemos inequivocamente que, aos 86 anos, a Previdência Social recupera sua credibilidade perante à sociedade e cumpre, sem sombra de dúvidas, sua missão que é "garantir proteção ao trabalhador e sua família, por meio de sistema público de política previdenciária solidária, inclusiva e sustentável, com o objetivo de promover o bem-estar social".

2.4. O Regime Geral de Previdência Social

As contas do Regime Geral de Previdência Social, administrado pelo Instituto Nacional do Seguro Social (INSS), fecharam o ano de 2008, com uma necessidade de financiamento ou desequilíbrio financeiro – segundo o governo – de R$ 36,20 bilhões.

Com base nestes números, as autoridades do setor anunciam que as discussões que já foram levadas a efeito no âmbito do Fórum Nacional de Previdência Social sobre possíveis mudanças na legislação das aposentadorias poderão em breve retornar, embora o atual foco esteja direcionado aos projetos de lei tramitando no Congresso Nacional que envolvem a derrubada do fator previdenciário e o reajuste equânime entre as diversas faixas de benefícios pagos pelo INSS.

Mas, o pior é que, a despeito de seguidas manifestações tranquilizadoras de ajuste e equilíbrio das contas previdenciárias, o governo também segue mistificando a divulgação do resultado da Previdência Social.

Se formos analisar os dados divulgados, seremos surpreendidos com outra leitura do resultado do balanço "deficitário" apresentado à Nação e difundido nas manchetes dos principais jornais do país.

2.4.1. Assistência Social

No conjunto de desembolsos mensais do INSS há um número expressivo dos chamados Benefícios de Prestação Continuada de Assistência Social (BPC). Pois estes benefícios são direitos garantidos pela Constituição Federal de 1988 e consistem no pagamento um salário mínimo mensal a pessoas com 65 anos de idade ou mais e a pessoas com deficiência incapacitante para a vida independente e para o trabalho. Em ambos os casos, desde que a renda *per capita* familiar seja inferior a ¼ do salário mínimo.

O BPC também encontra amparo legal na Lei 10.741, de 1º de outubro de 2003, que institui o Estatuto do Idoso. O benefício é gerido pelo Ministério do Desenvolvimento Social e Combate à Fome (MDS), a quem compete sua gestão, acompanhamento e avaliação. Ao Instituto Nacional do Seguro Social (INSS), compete a sua operacionalização. Os recursos para custeio do BPC provêm do Fundo Nacional de Assistência Social (FNAS).

O fluxo de caixa do INSS (Quadro II) nos revela que foram desembolsados R$ 17,05 bilhões em 2008 para pagamentos destes 3,3 milhões de benefícios assistenciais (Rendas Mensais Vitalícias e os decorrentes da Lei Orgânica da Assistência Social), além dos denominados Encargos Previdenciários da União (EPU).

Os benefícios assistenciais são pagos, como já mencionamos, mesmo que sem contribuição anterior, a pessoas incapazes e que necessitam de ajuda de outras para viver, e aos portadores de deficiência física ou mental, dentro de diversos regramentos legais, entre eles, a Lei Orgânica da Assistência Social (Lei 8.742, de 7 de dezembro de 1993).

Já os EPUs são recursos destinados a pagamento dos proventos de aposentadoria e pensões dos servidores civis e militares da administração direta da União e, através do PASEP, a corrigir distorções de renda e assegurar especificamente ao servidor público a formação de um patrimônio individual progressivo (definição constante em http://www.tesouro.fazenda.gov.br/servicos/glossario).

Então fica evidente que estes mais de R$ 17 bilhões deveriam estar contabilizados em outro fluxo de caixa e em outra rubrica que não a da previdência social.

2.4.2. Desequilíbrio rural

Ao mesmo tempo, há no Regime Geral de Previdência Social, uma inquestionável transferência de renda do setor urbano para o rural.

Como a área rural gera uma arrecadação insignificante, na correlação com o dispêndio com benefícios, a redistribuição de renda fica evidente, num claro incentivo ao setor primário, motor importante da economia nacional.

O balanço financeiro da Previdência Social de 2008 mostra que, no meio rural, foram arrecadados R$ 5 bilhões de contribuições, quando houve desembolso de R$ 40 bilhões entre as aposentadorias e pensões dos segurados rurícolas.

Temos somente neste segmento um déficit da ordem de R$ 35 bilhões, originado historicamente das decisões da Constituição Federal de 1988 que elevou o beneficio da área rural para um salário-mínimo.

Nada obsta a estes pagamentos, mas fica evidente que deve ser equacionada a necessidade de financiamento destes mais de 7,7 milhões de beneficiários, merecedores de atenção do governo, mas não às custas de um propalado déficit nas rubricas contábeis do INSS.

Só aí já justificaríamos a mudança do enfoque: "não há um déficit, mas um investimento social do governo na subsistência dos trabalhadores do campo".

Como diz o jornal *O Globo*, de 10 de janeiro de 2009:

"Levantamento do Ministério da Previdência mostra o peso das aposentadorias rurais nas contas do setor. Até novembro, elas representaram 35% de todas as aposentadorias concedidas em 2008. Considerando apenas os dados das aposentadorias por idade – a maior parte delas –, 197.805 foram concedidas para trabalhadores urbanos contra 307.322 para os rurais. No total, incluindo também as aposentadorias por tempo de contribuição e por invalidez, foram 328,6 mil benefícios rurais e 611.807 urbanos, ano passado (de um total 940,4 mil benefícios). Somente em novembro, a Previdência concedeu 30,2 mil aposentadorias rurais por idade, contra 18,6 mil aposentadorias urbanas por idade. O setor rural é responsável por 82,5% do déficit da Previdência Social: em novembro, o déficit anual estava em R$38,8 bilhões, sendo o déficit rural de R$32 bilhões. Por não ser exigida uma contribuição, o agricultor opta pelo benefício por idade. A distorção fica clara ao se verificar os gastos da Previdência: o sistema rural corresponde a apenas 19,7% da despesa total de R$182,5 bilhões do setor no ano, mas, em contrapartida, é apenas 19,7% da despesa total de R$182,5 bilhões do setor no ano, mas, em contrapartida, é o maior responsável pelo déficit do sistema geral. A despesa com benefícios rurais chegou a R$36,6 bilhões em 2008, com uma arrecadação de apenas R$4,6 bilhões, segundo dados fechados em novembro. Em 2008, de todos os tipos de benefícios concedidos pela Previdência, os rurais representaram quase um terço: foram 4,11 milhões de benefícios, sendo 3,15 milhões urbanos e 965,8 mil rurais. O rombo tem origem em 1988, quando a Constituição criou regras especiais para as aposentadorias rurais, sem exigir contribuição direta, como no caso do trabalhador urbano. Para obter o benefício, basta o trabalhador ou agricultor mostrar que está exercendo a atividade rural na data de entrada do requerimento. E mais: a aposentadoria rural é concedida aos 60 anos, para os homens, e aos 55 para as mulheres, cinco anos a menos do que na regra geral."

2.4.3. Renúncia fiscal

O volume de tributos que deveriam ser arrecadados por contribuintes pessoas físicas ou jurídicas, mas que o poder público se abstém de cobrar em razão de legislação específica que reduz alíquotas, isenta ou desconsidera fatos geradores específicos de cada tributo ou contribuição social é denominado de renúncia fiscal.

No que tange às contribuições previdenciárias, há um elenco de subsídios voltados a incentivo setoriais, apesar de os trabalhadores destes segmentos usufruírem dos mesmo benefícios dos demais trabalhadores da iniciativa privada.

Na contabilização correta da movimentação dos recursos previdenciários deveriam ser expurgadas todas estas situações de incentivos, isenções, imunidades tributárias concedidas a setores diversos da economia.

As empresas caracterizadamente filantrópicas nas áreas da Saúde e Educação, em especial, não pagam contribuição patronal.

As pequenas e microempresas optantes pelo Simples também tem seus encargos previdenciários reduzidos, através de um formulismo, onde o repasse aos cofres do INSS não alcança o mesmo montante devido pelas demais empresas.

Alguns outros segmentos econômicos, como os vinculados às exportações, clubes de futebol, etc., têm sistemas diferenciados de contribuições ou isenções.

O elenco dos incentivos a estes segmentos da economia totalizou R$ 15,20 bilhões em 2008, caracterizando o que se convencionou denominar de renúncia fiscal de contribuições previdenciárias.

Apesar de não questionarmos os incentivos, há que se convir que não podem os recursos destinados às aposentadorias e pensões serem instrumento de alavancagem de setores econômicos.

Logo, se todas estas despesas de caráter não previdenciário fossem expurgadas do fluxo de caixa do INSS e cobertas por recursos de outras rubricas orçamentárias, o déficit superior a R$ 36 bilhões transformar-se-ia num superávit de a R$ 31 bilhões, o que permitiria tranquilidade ao caixa da estatal do seguro social.

Quadro II
Fluxo de Caixa do INSS – 2007 e 2008

DISCRIMINAÇÃO	(em R$ mil nominais)	
	Acum. nom. 2007	Acum. nom. 2008 (2)
1. SALDO INICIAL	7.521.472	2.068.139
2. RECEBIMENTOS	216.488.553	243.489.097
2.1 Próprios	153.788.348	180.004.470
- Arrecadação Bancária	142.774.048	167.758.107
- Arrecadação SIMPLES [1]	5.660.734	455.496
- Arrecadação SIMPLES NACIONAL [1]	3.419.328	10.274.493
- Arrecadação REFIS [1]	287.371	304.919
- Arrecadação FNS [1]	183	–
- Arrecadação CDP [1]		
- Arrecadação FIES [1]	689.726	674.628
- Depósitos Judiciais	1.182.676	1.096.677
- Ressarcimento de Arrecadação	-10.217	-1.786
- Restituições de Arrecadação	-215.501	-216.659
- Taxa de Administração Sobre Outras Entidades [2]	–	-341.404
2.2 Rendimentos Financeiros	403.534	150.462
- Remuneração s/ Arrecad. Bancária	2.455	3.230
- Rendimentos Aplicações Financeiras	401.079	147.232
2.3 Outros	-776.895	3.822.482
2.4 Antecipação da Receita (Tesouro Nacional)	1.315.177	-2.857.759
2.5 Transferências da União	61.758.389	62.369.442

- Recursos Ordinários	190.231	1.837.939
- Concursos e Prognósticos	82.235	88.182
- Operações de Crédito Externa	-94.340	-133
- Contribuição Social sobre o Lucro	3.174.508	10.212.144
- COFINS e Contribuição do Plano de Seguridade Social Servidor	31.802.898	28.686.035
- Contribuição Provisória s/ Mov. Financeira	7.572.119	–
- Recursos Ordinários / COFINS – TRF	4.718.049	4.979.103
- Contribuição Social sobre o Lucro – Contrapartida	815	1.263
- Devolução do PSS / PASEP / Outros	–	74.971
- COFINS – EPU	1.385.905	1.025.300
- COFINS/LOAS	12.925.967	15.464.638
3. PAGAMENTOS	221.941.886	242.592.278
3.1 Pagamentos do INSS	208.565.326	225.943.079
3.1.1 - Total de Benefícios [3]	201.309.022	218.025.308
3.1.1.1 - Total de Benefícios Pagos (a + b)	200.308.271	216.616.107
a) Benefícios do RGPS	185.293.441	199.562.013
- Benefícios – INSS	180.161.606	194.103.209
- Sentenças Judiciais – TRF	4.718.049	4.979.103
- Sentenças Judiciais – INSS	413.786	479.702
b) Benefícios não Previdenciários	15.014.830	17.054.094
- Encargos Previdenciários da União – EPU	822.830	1.017.895
- LOAS e RMV	14.191.999	16.036.198
3.1.2 - Benefícios devolvidos	-1.000.751	-1.409.201
3.1.3 Pessoal	6.196.028	6.928.640
3.1.4 Custeio	2.061.027	2.398.332
3.2 Transferências a Terceiros	13.376.561	16.649.198
4. Saldo Previdenciário (Arrec. Líquida – Benefícios do RGPS)	-44.881.653	-36.206.742
5. Saldo Arrecadação Líquida – Total de Benefícios Pagos	-59.896.483	-53.260.835
6. Saldo Operacional (Recebimento Total - Pagamento Total)	-5.453.333	896.819
7. Saldo Final	2.068.139	2.964.959

Fonte: Divisão de Programação Financeira do INSS, extração da Assessoria econômica da Anfip

Quadro III
Resumo do RGPS

Déficit Rural	35,00
LOAS e RMV	16,04
EPU	1,01
Assistência Social	17,05
Renúncias fiscais	15,20
Rurais + Assistência + Renúncias	67,25
Déficit anunciado	36,20
Superávit	31,05

3. Conclusão

Além da constatação de que o RGPS está inserido no Orçamento da Seguridade Social, inequivocamente superavitário, se depreende da exposição que o regime de aposentadorias e pensões administrado pelo INSS também o é, apesar de, ao longo dos anos, ter se transformado num gigantesco mecanismo de redistribuição de renda.

Ao mesmo tempo, as reduções, isenções e incentivos a setores econômicos e a segmentos sociais também fizeram da arrecadação previdenciária um instrumento desenvolvimentista, ao utilizar a massiva renúncia fiscal para catapultar segmentos sociais e empresariais.

Por outro lado, não podemos olvidar o fundamental papel desempenhado pela estrutura de seguro público como amortecedor social das mazelas sofridas pela parcela menos aquinhoada da Nação.

Dados oficiais dão conta que, em 2004, 30,6% dos brasileiros com rendimento domiciliar declarado viviam abaixo da linha de pobreza.

Se não fosse a previdência, este percentual seria de 42,1%, ou seja, a previdência – em especial, o INSS - foi responsável por uma redução de 11,5 % no nível de pobreza, o que significa colocar 20,4 milhões de pessoas acima da linha de pobreza reconhecida internacionalmente.

ÉTICA E A PREVIDÊNCIA PÚBLICA E PRIVADA

De outra parte, a manutenção mensal e pontual dos pagamentos a mais de 26 milhões de patrícios nossos faz com que em quase 70% dos municípios brasileiros os recursos recebidos dos cofres previdenciários superem o volume de repasses oriundos do Fundo de Participação dos Municípios (FPM), redistribuído pelo governo federal.

Considerando-se também que a maioria dos idosos brasileiros ainda são chefes de família, mantenedores maiores de grande parte dos lares, pode ser dito, sem sombra de dúvidas, que mais de 80 milhões de brasileiros – familiares, dependentes, etc... – devem parcela expressiva de seu sustento ao dinheiro recebido do INSS.

Portanto, há que se ter muito cuidado e carinho no trato de reformas e mudanças difundidas e pretendidas nesta estrutura importante e vital para a cidadania e o equilíbrio social do país.

Não pode o tecnicismo das contas públicas sobrepujar a relevância que deve ser dada ao Regime Geral de Previdência Social, dirigido aos trabalhadores da iniciativa privada no Brasil, como fundamental instrumento redistribuidor de renda na América Latina, se não pelo seu inequívoco papel social, pela correta demonstração de que o déficit nada mais do que uma falácia.

Há recursos orçamentários consistentes dando guarida à pujança do sistema de seguro social brasileiro. Como demonstramos, o déficit é um mito...

Capítulo II

PREVIDÊNCIA SOCIAL, A MAGISTRATURA E O ESTADO DEMOCRÁTICO DE DIREITO

1. A inconstitucionalidade da última reforma da Previdência Pública dos Magistrados

GABRIEL DE JESUS TEDESCO WEDY

Presidente da Associação dos Juízes Federais do Rio Grande do Sul – AJUFERGS.
Mestre em Direito Público pela PUC/RS

Sumário: Introdução; 1.1. Da Inconstitucionalidade da última Reforma da Previdência em face da violação da cláusula pétrea da Separação dos Poderes consubstanciada na aposentadoria com proventos integrais como princípio de organização e estruturação do Poder Judiciário; 1.2. Do direito adquirido da aposentadoria dos magistrados, que estavam no exercício efetivo da magistratura, com proventos integrais, quando cumpridos os requisitos constitucionais, exigidos pelo texto constitucional anterior à última Reforma da Previdência, ao longo dos próximos anos; 1.3. Da possibilidade da instituição de um sistema de Previdência Pública complementar para os magistrados de ingresso facultativo; 1.4. Conclusões finais.

Introdução

A propalada Reforma da Previdência Social levada a efeito, em especial no que tange ao fim dos proventos integrais para os magistrados, tem suscitado inúmeras polêmicas, que merecem algumas singelas e brevíssimas considerações. Sem a pretensão de esgotar o debate, vou declinar o que penso acerca da dita Reforma.

Se analisarmos a reforma na Previdência do Poder Judiciário e sua *ratio*, é de se ficar ruborizado. Ou seja, se pretendeu através do corte de uma prerrogativa fundamental da magistratura [o direito da aposentadoria com proventos integrais para os seus membros], responsável pela independência funcional e liberdade dos juízes, sanar as mazelas financeiras da Previdência do Estado. A pretexto de cortar gastos, se está lançando todo o povo brasileiro em um futuro incerto, marcado por um Poder Judiciário sem prerrogativas e qualquer garantia. Os que defenderam a Reforma da Previdência para os magistrados pretenderam economizar recursos, diga-se, cortando os proventos integrais dos juízes, que possuem um sistema de Previdência que se auto-sustenta, nem que este seja o preço da segurança dos jurisdicionados brasileiros.

Agiram os defensores da Reforma da Previdência para os magistrados como os selvagens de Luisiana que, para comer os frutos, destruíam as árvores, em uma "brilhante lógica". Nas palavras de *Montesquieu* «Quand les sauvages de la Loisiane veulent avoir du fruit, ils coupent l, arbre au pied, et cuiellent le fruit".[1]

Deixadas de lado questiúnculas políticas de ocasião, passo a analisar a situação dos atuais magistrados. Também, farei considerações acerca da instituição do plano de Previdência complementar e de sua constitucionalidade.

1.1. Da inconstitucionalidade da última Reforma da Previdência por violação da cláusula pétrea da Separação dos Poderes consubstanciada na aposentadoria com proventos integrais como princípio de organização e estruturação do Poder Judiciário

Pois bem, a Constituição Federal determina, em seu art. 93, que lei complementar, de iniciativa do Supremo Tribunal Federal, disporá sobre o Estatuto da Magistratura, observado o seguinte *princípio*: "...VI - a aposentadoria dos magistrados e a pensão de seus dependentes observarão o disposto no art. 40".

A Constituição Federal previa em seu art. 40 que os servidores públicos titulares de cargos efetivos da União, dos Estados, do Dis-

---

[1] *De l' espirit des lois.* 51. Ouvres complètes, Paris: Editions du Seuil, 1964, Livro V, 13.

trito Federal e dos Municípios, respectivas autarquias e fundações, tinham a garantia de aposentação *com proventos integrais*, assegurados no parágrafo terceiro, com ressalva das hipóteses previstas em seu parágrafo primeiro, incisos I, II e III, letra "b", casos em que os proventos seriam proporcionais.

Resumindo, somente se poderia afirmar que os magistrados perceberiam proventos não integrais se não completassem uma dentre as quatro condições, a saber: dez anos de serviço público; cinco no cargo efetivo em que se der a aposentadoria; 60 anos de idade se homem e 55 anos de idade se mulher; trinta e cinco anos de contribuição se homem ou trinta anos de contribuição se mulher.

Ou seja, sempre que fossem atendidas estas quatro condições a aposentadoria deveria ser concedida integralmente, correspondendo *à totalidade da remuneração*, como dispunha de forma peremptória o § 3º do art. 40 da CF/88.

Também deveriam aposentar-se com proventos integrais aqueles que têm direito à aposentadoria compulsória por invalidez, se esta for decorrente de acidente em serviço ou moléstia grave ou incurável especificada em lei, a teor do inciso I, *in fine*, do § 1º, do art. 40, letra "a".

Assim, antes de se discutir se os magistrados, que estavam no efetivo exercício do cargo público, possuíam o direito adquirido a se aposentar, preenchidos os requisitos constitucionais, é de se fazer outra consideração que penso, *data venia*, ainda não foi debatida.

Ora, a aposentadoria dos magistrados com proventos integrais, após obedecidos os requisitos constitucionais anteriores à última Reforma da Previdência que poderiam ser preenchidos a qualquer tempo, foram erigidos pela própria Constituição como *princípio*, por disposição expressa, em seu art. 93 e inciso VI. Como *princípio* que é de organização de Poder, independente e harmônico, parece claro que o anterior sistema de aposentadoria da magistratura não poderia ser modificado pelo Poder Constituinte Reformador como foi.

Por outro lado, no art. 2º da Constituição Federal está expresso o princípio da Separação dos Poderes, que é uma cláusula pétrea por força do previsto no art. 60, § 4º, inc. III, do mesmo texto constitucional. Aliás, *Alexandre de Moraes* entende que a Separação dos Poderes, como não poderia deixar de ser ante o que está expresso no texto constitucional, é uma cláusula pétrea.[2] A impossibilidade de reforma constitucional através de emenda que possa atingir a independência do Poder Judiciário decorre de um limite substancial. Segundo Celso Ribeiro Bastos, os limites substanciais decorrem do fato de que as "emendas constitucionais não podem versar sobre pontos tendentes a abolir a Federação, o voto direto secreto, universal e periódico, a separação dos poderes e os direitos e garantias individuais".[3] (art. 60, § 4º, I a IV)

De outra banda, através de norma infra-constitucional a reforma na Previdência da magistratura levada a efeito não poderá prosperar, pois, é evidente que somente o Supremo Tribunal Federal, se tiver interesse político, através de lei complementar de sua iniciativa, poderá regular a aposentadoria dos magistrados e pensão dos seus dependentes por disposição expressa contida na cabeça do art. 93 combinado com o seu inciso VI. Todavia, mesmo a referida lei complementar de iniciativa privativa do Supremo Tribunal Federal não poderá impedir a aposentadoria integral para os atuais magistrados, tenham ou não implementado nesta data os requisitos exigidos pelo atual texto constitucional. Isso porque a nova lei terá por princípio sempre *a aposentadoria com proventos integrais* para aqueles magistrados que preencherem, ao longo dos anos, os atuais requisitos constitucionais para referida aposentação previstas anteriormente à última reforma da previdência. É de se observar que não se chega à referida interpretação através de vã elocubração cerebrina, mas de simples e desapaixonada leitura de uma clara disposição constitucional.

Ora, conclui-se daí que a última reforma constitucional não poderia modificar o regime de aposentação dos magistrados. Da mesma forma, somente lei complementar, de iniciativa do STF, pode dispor sobre a aposentadoria dos magistrados, muito embora não possa alterar o sistema de aposentadoria anterior à última reforma da previdência por um argumento que nem sequer precisaria ser citado: lei infra-constitucional não pode dispor contra o texto constitucional, máxime, violando a prerrogativa que possuem os magistrados da aposentadoria com proventos integrais, por força do art. 5º, § 2º, da CF/88.

---

[2] *Direito constitucional*. 10ª ed. São Paulo: Atlas, 2001, p. 449.

[3] *Curso de direito constitucional*. 20ª ed. São Paulo: Saraiva, 1999, p. 383.

Hamilton, cuja pena imortalizou o célebre *"The federalist"*, afirmou em conhecida assertiva que os juízes, por serem vitalícios, necessitariam garantias mais poderosas, fortes, consistentes e duradouras do que às do próprio presidente americano.

As prerrogativas dos magistrados, principalmente as referentes à aposentadoria, de índole constitucional e vinculadas ao princípio da independência dos Poderes, visam conferir à Instituição, e não aos magistrados, a necessária independência para o exercício da jurisdição. Através destas prerrogativas os magistrados ficam resguardados das pressões do Poder Executivo, do Poder Legislativo, da imprensa e, principalmente, dos grandes grupos econômicos. Estas prerrogativas garantem aos magistrados independência funcional e autonomia e, à sociedade, um julgamento justo e imparcial dos seus cidadãos. Hamilton, Madson e Jay alertavam, no já citado *"The Federalist"*, *"que mexer na subsistência é mexer na vontade"*.

Como afirma Alexandre de Moraes, "Todas estas garantias, portanto, são imprescindíveis ao exercício da democracia, perpetuidade da Separação de Poderes e ao respeito aos direitos fundamentais, configurando suas ausências, supressões ou mesmo reduções, obstáculos inconstitucionais, ao Poder Judiciário, no exercício do seu mister constitucional, permitindo que sofra pressões dos demais Poderes do Estado e dificultando o controle da legalidade dos atos políticos do próprio Estado, que causem lesão a direitos individuais ou coletivos. É importante ressaltar que em um Estado Democrático de Direito, os atos políticos do governo estão dentro da esfera de vigiabilidade do Poder Judiciário, desde que causem prejuízo a direitos e garantias individuais ou coletivas e que, para o efetivo e imparcial controle destes atos, há a necessidade das garantias constitucionais da magistratura para não intimidar-se diante dos poderes, para que, dessa mútua oposição resulte a moderação de todos os poderes; o império da lei; a liberdade".[4]

Não há a menor dúvida, até para os que possuem parca convivência com o direito constitucional, que os proventos integrais na aposentadoria, através de um sistema público de Previdência, são garantias constitucionais de liberdade e de imparcialidade dos membros do Poder Judiciário.

Com efeito, o constitucionalista Celso Ribeiro Bastos elenca entre as garantias constitucionais da magistratura, as citadas no art. 95 da

---

[4] Ob. cit., p. 442

CF/88: vitaliciedade, inamovibilidade e irredutibilidade dos vencimentos. Mas, insere neste capítulo do seu "Curso de direito constitucional", que versa sobre as referidas garantias constitucionais da magistratura, *a aposentadoria dos magistrados com proventos integrais*.[5]

Da mesma forma, Nélson Oscar de Souza elenca em seu Manual de Direito Constitucional, como garantias constitucionais que procuram resguardar a independência dos magistrados, a vitaliciedade, a inamovibilidade e a irredutibilidade de vencimentos, mas deixa claro no mesmo capítulo do livro, *que versa sobre garantias*, que a aposentadoria dos magistrados deve se dar, atendidos os requisitos constitucionais, *com proventos integrais*, na forma do art. 93, inc. VI, da CF/88 que não poderia ter sido alterada pela última reforma da previdência.[6]

Sahid Maluf ainda foi mais claro no sentido de, embasado em escólio de Rui Barbosa, inserir a aposentadoria com proventos integrais como um corolário da garantia da *vitaliciedade* do magistrado. Ora, a vitaliciedade, como garantia da magistratura, é cláusula constitucional pétrea, que não poderia ter sido alterada por emenda constitucional. Senão vejamos o que afirmou o citado autor:

> "Exatamente pelo fato de ser vitalícia a sua função, os vencimentos têm de ser integrais, em qualquer caso de aposentação, escapando, assim à regra geral da proporcionalidade. Como afirmou Rui, *a aposentadoria é a integração especial da vitaliciedade*".[7]

Logo, é inconstitucional a retirada do texto constitucional da expressa previsão da aposentadoria "com proventos integrais" para a magistratura. Os magistrados que assumiram após a Reforma da Previdência não se submetem a aludida reforma inconstitucional do texto constitucional. Também, conclui-se que não pode haver dois regimes previdenciários diversos para a carreira da magistratura, com proventos integrais e paralelamente com proventos proporcionais, sob pena de afronta a unicidade do Poder Judiciário.

---

[5] *Curso de direito constitucional.* 20ª ed. São Paulo: Saraiva, 1999, p. 383.

[6] *Manual de direito constitucional.* 2ª ed. Rio de Janeiro: Forense, 1998, p. 186-189.

[7] *Direito constitucional*, v. 2. 5ª ed. São Paulo: Sugestões Literárias, 1970, p. 270.

1.2. Do direito adquirido da aposentadoria dos magistrados, que estavam no exercício efetivo da magistratura, com proventos integrais, quando cumpridos os requisitos constitucionais, exigidos pelo texto constitucional anterior à última reforma da previdência, ao longo dos próximos anos

Os magistrados, todos eles, têm o direito adquirido à forma de aposentação anterior à última reforma da previdência, como previsto na Constituição Federal [art. 5º, inc. XXXVI, da Constituição Federal], e não podem, nem por gracejo, serem compelidos a ingressarem em qualquer regra de transição que seja. A proteção do núcleo essencial [*Wesensgehalt*] do direito adquirido dos magistrados à aposentadoria com proventos integrais deve ser preservada enquanto direito fundamental.

Segundo o Ministro Gilmar Ferreira Mendes, "...é fácil ver que a proteção do núcleo essencial dos direitos fundamentais deriva da supremacia da Constituição e do significado dos direitos fundamentais na estrutura constitucional dos países dotados de Constituições rígidas. Se se admitisse que a lei poderia restringir ilimitadamente direitos fundamentais, ter-se-ia a completa supressão do efeito vinculante desses direitos em relação ao legislador.

De ressaltar, porém, que, enquanto princípio expressamente consagrado na Constituição, ou enquanto postulado constitucional imanente, o princípio da proteção do núcleo essencial [*Wesensgehaltsgarantie*] destina-se a evitar o esvaziamento do conteúdo do direito fundamental mediante estabelecimento de restrições descabidas, desmesuradas ou desproporcionais".[8]

É de se referir que a doutrina ainda não fixou com precisão o conceito de direito adquirido. Segundo José Afonso da Silva, "... É ainda a opinião de Gabba que orienta sua noção, destacando como seus elementos caracterizadores: 1º - ter sido produzido por um fato idôneo para a sua produção; 2º - ter se incorporado definitivamente ao patrimônio do titular. A Lei de Introdução ao Código Civil declara que se consideram adquiridos os direitos que o seu titular, ou alguém por ele, possa exercer, *como aqueles cujo começo do exercício*

---

[8] *Direitos fundamentais e controle de constitucionalidade*. 2ª ed. São Paulo: Celso Bastos Editor, 1999, p. 39.

tenha termo prefixo, ou condição preestabelecida inalterável, a arbítrio de outrem... Se o direito subjetivo não foi exercido, vindo a lei nova, transforma-se em direito adquirido, porque era exercitável e exigível à vontade de seu titular. Incorporou-se no seu patrimônio, para ser exercido quando convier. A lei nova não pode prejudicá-lo, só pelo fato de o titular não o ter exercido antes. Direito subjetivo é a possibilidade de ser exercido, de maneira garantida, aquilo que as normas jurídicas atribuem a alguém como próprio. *Ora, essa possibilidade de exercício continua no domínio da vontade do titular em face da lei nova. Essa possibilidade de exercício do direito subjetivo foi adquirida no regime da lei velha e persiste garantida em face da lei superveniente. Vale dizer-repetindo: o direito subjetivo vira adquirido quando lei nova vem alterar as bases normativas sob as quais foi constituído...* Não se trata aqui da questão da retroatividade da lei, mas tão só de limite de sua aplicação. *A lei nova não se aplica a situação subjetiva constituída sob o império da lei anterior....o princípio da irretroatividade da lei não é de direito constitucional, mas princípio geral de direito. Decorre do princípio de que as leis são feitas para vigorar e incidir para o futuro. Isto é: são feitas para reger situações que se apresentem a partir do momento em que entram em vigor"*.[9]

Para Carlos Roberto Gonçalves: "A Constituição Federal de 1988 [art. 5º, inc. XXXVI] e a Lei de Introdução ao Código Civil, afinadas com a tendência contemporânea, adotaram o princípio da irretroatividade das leis como regra... Acolheu-se a teoria de Gabba, de completo respeito ao direito adquirido... Assim, como regra, aplica-se a lei nova aos casos pendentes e aos futuros só podendo ser retroativa [atingir fatos pretéritos] quando: não ofender o...direito adquirido".[10]

Segundo Clóvis Beviláqua "...no Direito brasileiro, a não retroatividade das leis quer dizer: respeito aos direitos adquiridos... A lei deve receber completa aplicação, sem ofender, todavia, aqueles direitos que já entraram, definitivamente, para o patrimônio do indivíduo, sob a sua garantia..." [*Código civil comentado*, Rio de Janeiro, 1953, p. 75-76.]

Ressaltando o direito adquirido como uma segurança nas relações jurídicas, *Nélson Oscar de Souza* afirma que "...Tenha-se, pois, bem presente que o dispositivo objetiva a estabilidade das relações

---

[9] *Curso de direito constitucional positivo.* 9. ed. São Paulo: Malheiros, 1992, p. 380.

[10] *Direito civil*, vol. I, 9ª ed. São Paulo: Saraiva, 2002, p. 27.

jurídicas... Imagine-se a aquisição de direitos firmados no curso ou pela fluência do tempo e que se incorporam ao patrimônio das pessoas e que fossem atropelados por legislação superveniente. Exemplifique-se com ...*a aposentadoria*".[11]

Antes de apreciar referidos conceitos, refiro que não se pode afirmar que não existe direito público adquirido. Isto porque a Constituição Federal não distingue o direito adquirido público e privado e, se esta não distingue, não cabe ao intérprete fazê-lo. Neste exato sentido José Afonso da Silva.[12]

Ao analisar estes ensinamentos é de ponderar alguns pontos incontroversos.

O conceito da Lei de Introdução ao velho Código Civil deve ser levado em consideração como emanação do direito positivo. Ora, segundo o referido texto legal, consideram-se adquiridos os direitos cujo exercício tenha *termo prefixo*. E os direitos de aposentação dos magistrados com proventos integrais possuem o exercício em termo pré-fixado não por um decreto, por uma portaria, por uma lei complementar ou por uma lei ordinária, mas pelo próprio texto constitucional que afirma com todas as letras, como já citado, que após cumpridas determinadas condições existentes no texto constitucional reformado, os magistrados poderão se aposentar com *proventos integrais*.

Ademais, segundo o conceito supra-referido, não há Poder Constituinte Reformador que possa retroagir para solapar direitos já assegurados pela própria Constituição, tal qual, o direito à aposentadoria dos magistrados através de um sistema público de Previdência com proventos integrais. As novas leis devem reger situações futuras e não retroagir para mutilar direitos anteriormente garantidos por disposição expressa.

O direito adquirido à aposentadoria com proventos integrais para todos os atuais membros da magistratura nacional é um direito inquestionável e evidente até para aqueles que, por obsessões de cunho político ou ideológico, esquecem a Constituição e os princípios mais comezinhos do direito como ciência.

Isto porque quem ingressou na magistratura com a convicção que após um número "x " de contribuições e um determinado

---

[11] Ob. cit., p. 288.

[12] Ob. cit., p. 380.

tempo de serviço prestado, previstos na Constituição, poderia se aposentar com proventos integrais. Aliás, é esta uma das garantias constitucionais de independência e liberdade funcional que faz com que o magistrado ingresse na carreira. Talvez, se esta garantia não estivesse, um dia, prevista na Constituição, muitos dos atuais magistrados não tivessem ingressado na carreira. Mas, como confiam no texto constitucional, e na seriedade do regime político do país, adentraram na carreira da magistratura para exercer a judicatura com liberdade e independência garantidas, também, pelo direito de proventos integrais na aposentadoria.

Sabem também os magistrados que, ao adentrar na magistratura, nada poderão fazer além de exercer o seu ofício. Outrossim, também sabem que tudo, ou quase tudo, o que faz o trabalhador da iniciativa privada, eles não poderão fazer.

Assim, a aposentadoria com proventos integrais, nestes casos, é direito que a própria Constituição garante para aqueles que abrem mão das inúmeras liberdades do trabalhador da iniciativa privada para seguirem a sua vida na judicatura, após aprovação em concorridíssimo concurso público de provas e títulos, como um sacerdócio que os limitará até o final dos seus dias.

Enfatizo que o dia em que a Constituição puder ser modificada, e até destruída, por tendências políticas momentâneas, o Estado Democrático de Direito estará sofrendo concreto perigo de esvair-se e esboroar-se. É de se lembrar que, quando seis milhões de judeus foram mortos na Segunda Guerra Mundial, tudo parecia legítimo, sob o aspecto constitucional, para Alemanha nazista.

De outra banda, qualquer posição institucional que sustente que os magistrados não têm direito adquirido a uma aposentadoria com proventos integrais, se implementadas futuramente as condições exigidas por nossa Magna Carta em seu texto anterior, será marcada por indisfarsável conteúdo político e, data vênia, demagógico, sem nenhum embasamento jurídico plausível. Com efeito, o art. 60, §4º, da Constituição Federal, que engloba as cláusulas constitucionais pétreas, proíbe qualquer emenda à Constituição Federal que viole referidos direitos adquiridos pelos magistrados, incorporados ao seu patrimônio jurídico justamente no momento em que tomaram posse como juízes.

Segundo Celso Antônio Bandeira de Mello, "o art. 60, § 4º, proíbe é que, por emenda constitucional, sejam atingidos direitos e garantias individuais, pouco importa que no art. 5º, XXXVI, se tenha falado em lei, já que ninguém negará que o ato jurídico perfeito e o direito adquirido, induvidosamente, são direitos e garantias individuais. Aliás, para além da linguagem do art. 5º, inc. XXXVI, o direito adquirido e o ato jurídico perfeito persistiriam de todo o modo protegidos, por quanto o § 2º deste mesmo artigo estatui que os direitos e garantias expressos nesta Constituição não excluem outros decorrentes do regime ou dos princípios por ela adotados, ou dos tratados internacionais que a República Federativa do Brasil seja parte".[13]

A aposentadoria com proventos integrais era um *princípio* da organização do Poder Judiciário, como estava previsto no art. 93, *caput*, e inc. VI, da CF/88, logo, a manutenção do sistema de Previdência da Magistratura anterior é um direito fundamental de todos os magistrados, por força do disposto no art. 5º, § 2º, da CF/88, incluindo aqueles que assumiram após a Reforma Inconstitucional da Previdência.

Alexandre de Moraes afirma que, *verbis:* "Os direitos e garantias expressos na Constituição Federal não excluem outros de caráter constitucional decorrentes do regime e dos *princípios* por ela adotados, desde que expressamente previstos no texto constitucional, mesmo que difusamente".[14]

Nos autos da ADIn 939-07- DF, o Ministro Carlos Velloso referiu-se aos direitos e garantias sociais, direitos atinentes à nacionalidade e direitos políticos como pertencentes à categoria de direitos e garantias individuais, logo, imodificáveis, enquanto o Ministro Marco Aurélio afirmou a relação de continência dos direitos sociais dentre os direitos individuais previstos no art. 60, § 4º, da Constituição Federal.

Torna-se, dessa forma, impossível a alteração do sistema de aposentadoria dos magistrados previsto no texto constitucional anterior à Reforma, marcado pelo *princípio* de aposentação com proventos integrais, por força do art. 60, § 4º, inciso IV, combinado com o art. 5º, § 2º, todos de nossa Magna Carta.

---

[13] *Curso de Direito Administrativo Brasileiro.* 12ª ed. São Paulo: Malheiros Editores. 2000, p. 255.

[14] Obra supra cit., p. 133.

É inegável, e preciso referir, que há interesse dos reformistas em equiparar os magistrados aos servidores públicos no que tange à dita Reforma da Previdência. Ora, se está equiparando um *agente político* do Estado, na expressão de Hely Lopes Meirelles,[15] um magistrado, membro de Poder, com um servidor público, o que é uma total impropriedade técnica feita com escancarada ausência de sensibilidade política. Por mais relevantes que sejam as funções dos demais servidores públicos, e o são, pois os mesmos também foram vítimas da última Reforma, os magistrados exercem atribuições constitucionais completamente distintas que não permitem qualquer equiparação com os servidores públicos do Estado em geral.

Em relação à importância do Poder Judiciário, Rui Barbosa relembra as ações de Washington ao estruturar referido Poder nos EUA, *verbis* "...na frase de Washington, ao nomear os primeiros membros da Suprema Corte Federal, o Poder Judiciário, neste regime 'é a coluna mestra do governo do país'; ainda, na expressão de Washington, anunciando a Jay a sua escolha para a presidência do grande Tribunal da União, essa instituição grandiosa, adotada por nós, é a 'chave de abóbada do nosso edifício político', a majestade incomparável, a preexelência suprema dessa criação, indubitavelmente a mais importante entre todas as dos estadistas que fizeram a Constituição Americana".[16]

Ora, é evidente que as garantias constitucionais de imparcialidade e liberdade funcional do magistrado, como agente político e membro de Poder, estão vinculadas ao seu direito de percepção dos proventos integrais de aposentadoria. Assim, foi indevido colocar os demais servidores públicos do Estado com os magistrados no mesmo conceito, na mesma vala comum, para fins de Reforma da Previdência. E o que é pior, enquanto a reforma inconstitucional da previdência foi levada a efeito em relação ao Poder Judiciário, os militares, que sequer são membros de Poder, dela foram excluídos sem qualquer justificativa plausível.

---

[15] *Direito Administrativo Brasileiro*. São Paulo: Malheiros, 1996, p. 72.

[16] Os atos inconstitucionais do Congresso e do Executivo. Rio de Janeiro, 1893, p. 247.

1.3. Da possibilidade da instituição de um sistema de Previdência Pública complementar para os magistrados de ingresso facultativo

O art. 40, § 14°, da Constituição Federal, era claro ao deixar ao talante da União, dos Estados, do Distrito Federal e dos Municípios a limitação do valor dos proventos de aposentadoria a serem pagos aos seus servidores, tendo como parâmetro o limite máximo estabelecido para os benefícios do regime geral da Previdência social de que trata o art. 201, desde que, ressalto, seja instituído um regime de Previdência complementar.

E esta Previdência complementar somente poderá ser instituída, segundo o § 15 do art. 40 da CF/88, pela União, Estados, Distrito Federal e Municípios, o que, ao contrário do que vem se ouvindo dizer, afasta as empresas privadas de poderem gerenciar estes planos de Previdência. Ou seja, ainda que seja criado um regime de Previdência complementar para os juízes, este deve ser público e jamais privado. Aliás, o texto constitucional, diga-se, alterado inconstitucionalmente, possui em seu corpo a redação da Emenda Constitucional n° 41/03 que já definiu que a previdência será "pública" e gerida por "entidade fechada" de previdência complementar.

O § 16 do referido artigo 40 também deixa claro que o magistrado tem a opção de adentrar ou não para o regime de Previdência complementar que for instituído, ou seja, se preferir pode continuar no regime anterior em que contribui para a aposentadoria sobre a totalidade dos seus vencimentos e pode se aposentar com proventos integrais. Aliás, repito, o juiz tem o direito adquirido, com *o exercício pré-fixado pelo texto constitucional anterior*, de se aposentar com proventos integrais, desde o momento em que tomou posse.

Não há dúvida que a Previdência complementar, a cargo de empresas privadas, só prevalece para os trabalhadores da iniciativa privada, como dispõe o art. 202 de nossa Magna Carta de 1988. E a razão política do Poder Constituinte para este fato foi que o trabalhador da iniciativa privada contribui para a Previdência com valores inferiores aos pagos a título de contribuição pelos magistrados. Os juízes contribuem para a Previdência Pública na razão 11% do seu vencimento bruto, fato este que é ignorado pela grande maioria da população. As contribuições previdenciárias de um magistrado chegam a ser 10 ou 15 vezes superiores às contribuições previdenciárias dos trabalhadores da iniciativa privada. Logo, o rombo nas burras da Previdência não pode ser atribuído aos juízes.

Assim não há dúvida que o Poder Constituinte Originário criou um sistema público e outro privado de Previdência.

O sistema público de Previdência, sob o aspecto legal, se *subdivide* na aposentadoria dos magistrados, com base legal no art. 93, inc. VI, e o dos demais servidores públicos, com base legal no art. 40, ambos da Constituição Federal com redação anterior à Reforma Inconstitucional da Previdência.

A Previdência Pública dos magistrados, também, deve ser mantida como está, na integralidade, por princípios elementares que devem pautar a Administração Pública, como o princípio da Supremacia do Interesse Público. Segundo Maria Sylvia Zanella Di Pietro, "...o direito público somente começou a se desenvolver quando, depois de superado o primado do Direito Civil [que durou muitos séculos] e o individualismo que tomou conta dos vários setores da ciência, inclusive a do Direito, substituiu-se a idéia do homem como fim único do direito[própria do individualismo] pelo princípio que hoje serve de fundamento para todo o direito público e que vincula a Administração em todas as suas decisões: o de que os interesses públicos têm supremacia sobre os individuais".[17]

Ora, lançar as economias de todos os magistrados, que decidem as grandes causas do país, aos cofres de empresas privadas, é estar violando o princípio da Supremacia do Interesse Público e iniciando a privatização de um Poder Político do Estado com imensuráveis consequências negativas para o Brasil como nação.

A manutenção da Previdência Pública com proventos integrais para os magistrados atende ao interesse público. A sua destruição e instituição de um regime privado de Previdência complementar só agrada aos grandes e poderosos grupos de Previdência privada e ao FMI, que age sempre de acordo com o estipulado no malsinado "Consenso de Washington", tão criticado, durante mais de uma década, por muitos dos reformistas que aí estão.

Ademais, qualquer um sabe que a "economia" que o governo pretende fazer com a Reforma da Previdência será utilizada em outros setores, como a mídia governamental, e não na Previdência dos juízes.

---

[17] *Direito administrativo.* 13ª ed. São Paulo: Atlas, 2001, p. 69.

De outra banda, a lei complementar que for editada futuramente pelo Poder Legislativo para regular a previdência complementar, como previsto no texto constitucional, jamais poderá violar as cláusulas pétreas da Separação dos Poderes, do direito adquirido e do direito à aposentação com proventos integrais para os atuais magistrados. Isso porquê, segundo Cooley, as declarações de direitos constitucionais fundamentais, insertas na Constituição, por elas mesmas, têm o expresso propósito de operar restrições ao Poder Legislativo:

> "... Nor, where fundamental rights are declared by de constitucional, is it necessary at the same time to prohibit the legislature, in express terms, from taking them away. The declaration is itself a prohibition, and is inserted in constitution for the express purpose of operating as restriction upon legislative power".[18]

Assim, mesmo que se institua um regime de aposentadoria complementar para os magistrados, este, por disposição constitucional, somente poderá ser instituído e gerenciado pelo Poder Público e jamais por empresas privadas de Previdência, até por uma questão de garantia e segurança do próprio Estado.

1.4. Conclusões finais

As minhas conclusões sobre o tema, a Inconstitucionalidade da Reforma da Previdência e os Magistrados, são as seguintes:

- A regra de aposentadoria dos magistrados como inserida na Constituição Federal, anteriormente à última Reforma da Previdência, não pode ser modificada sob pena de violação ao princípio constitucional da Separação dos Poderes, que é cláusula pétrea, e não pode ser atingida por emenda inconstitucional;

- O regime de aposentadoria pública dos magistrados é princípio de organização do próprio Poder Judiciário, como inserto no art. 93 da CF/88, distinto do regime dos demais servidores públicos, assim é um direito fundamental que, também, não poderia ter sido alterado por emenda inconstitucional, por ser cláusula pétrea;

---

[18] Constitutional limitations, p. 209.

- Toda e qualquer Reforma da Previdência que pretenda colocar os atuais magistrados em um regime sujeito a regras de transição para a obtenção da aposentadoria é inconstitucional por ferir o direito adquirido que lhes garante proventos integrais na inatividade, observados os requisitos previstos na CF/88 anteriormente à última e inconstitucional Reforma da Previdência ;

- Somente o Supremo Tribunal Federal, se tiver interesse político, através de lei complementar de sua iniciativa, poderá regular a aposentadoria dos magistrados e pensão dos seus dependentes, por disposição expressa contida na cabeça do art. 93, combinado com o inciso VI, da CF/88. Todavia, mesmo a referida lei complementar, de iniciativa privativa do Supremo Tribunal Federal, não poderá impedir a aposentadoria com proventos integrais para os atuais magistrados que implementarem futuramente os requisitos exigidos pelo texto constitucional anterior à Reforma Inconstitucional da Previdência. Isso porque a nova lei de organização do Poder Judiciário terá por *princípio sempre a aposentadoria com proventos integrais;*

- É inconstitucional, através de emenda constitucional, acabar-se com o sistema público de Previdência dos juízes e, também, através de lei infra-constitucional, criar-se um regime de Previdência complementar para os magistrados gerido por empresas privadas;

- O magistrado tem a opção de adentrar ou não para um futuro regime de Previdência complementar, instituído pelo Poder Público e por este gerido, ou seja, se preferir, pode continuar no regime atual, em que contribui para a aposentadoria com percentual calculado sobre a totalidade dos seus subsídios, e se aposentar, por consequência, com proventos integrais, em face do já referido direito adquirido.

É o que penso sobre o tema.

2. A Previdência Integral para os membros do Poder Judiciário: prerrogativa necessária para efetivação do Estado Democrático de Direito

LUIZ ANTONIO COLUSSI

Juiz do Trabalho Titular da 2ª Vara do Trabalho de Canoas-RS e Presidente da Associação
dos Magistrados da Justiça do Trabalho da 4ª Região – AMATRA IV.

Nossa pretensão neste artigo é a de apresentar argumentos políticos e institucionais que possibilitem ao leitor compreender a importância de uma previdência pública e integral aos membros da magistratura, eis que da essência da carreira e ação manifestamente inconstitucional do Estado em alterar as cláusulas estabelecidas pelo legislador constituinte de 1988.

Não se pode esquecer que hoje se tem duas categorias de juízes, aqueles que podem se aposentar com valores integrais, embora com outras regras e requisitos exigidos pelo legislador, e aqueles mais novos que estão abrangidos pelo teto previdenciário e necessitarão de uma previdência complementar. Situação essa que deve ser corrigida pela própria sociedade.

A Magistratura brasileira não pode concordar com as alterações constitucionais ocorridas na vigência da Constituição de 1988, que alteraram profundamente o regime previdenciário de seus membros e, por isso, suas entidades representativas têm lutado arduamente na busca da reversão deste entendimento equivocado, como se verá adiante, quer através do trabalho político de convencimento dos membros do Poder legislativo, quer através do reconhecimento das inconstitucionalidades encontradas, e que são objetos de ações diretas de inconstitucionalidade no Supremo Tribunal Federal. Neste caso, falamos com maior conhecimento de causa, das ações movidas pela Associação Nacional dos Magistrados da Justiça do Trabalho – ANAMATRA,[19] entidade que representa os juízes do trabalho em todo o País, conforme deliberado por seu Conselho de Representantes.

Vamos nos ater a uma das ações interpostas, suficiente para demonstrar a inconstitucionalidade da emenda constitucional nº 20/98, quando esta submete os magistrados ao mesmo regime de previdência dos demais servidores públicos, violando a garantia fundamental da vitaliciedade. Assim busca-se desconstituir o art. 1º da EC nº 20/98, na parte em que alterou a redação do art. 93, VI, da Constituição, e contra os §§ 2º e 3º do art. 2º da EC nº 41/2003.

Não se pode esquecer que a anterior redação do art. 93, VI, da Constituição assegurava aos magistrados a aposentadoria com proventos integrais.[20] A regra geral, portanto, era a de que o magistrado seria aposentado com proventos integrais, seja de forma compulsória, seja de forma facultativa, bastando que fossem preenchidos os requisitos de trinta anos de serviço e cinco anos de exercício efetivo da judicatura.

Com a EC nº 20/98, o inciso VI do referido art. 93[21] da Constituição passou a dispor que deveria ser observado o disposto no art. 40. Consequentemente, a magistratura foi submetida ao regime geral de aposentadoria dos servidores públicos, sendo que este regime foi posteriormente modificado pela EC nº 41/2003.

Ocorre que a inconstitucionalidade da submissão dos magistrados ao regime geral da previdência também apresenta uma dimensão material, na medida em que viola cláusulas pétreas relacionadas aos direitos e garantias individuais dos magistrados, contemplados nos incisos III e IV do § 4º do art. 60 da Constituição, e a matéria está intrinsecamente relacionada à vitaliciedade e aos direi-

---

[19] Agradecemos a Assessoria Jurídica da ANAMATRA pelo fornecimento dos subsídios jurídicos e legais para a elaboração deste artigo.

[20] Art. 93. Lei complementar, de iniciativa do Supremo Tribunal Federal, disporá sobre o Estatuto da Magistratura , observados os seguintes princípios: (...) VI – a aposentadoria com proventos integrais é compulsória por invalidez ou aos setenta anos de idade, e facultativa aos trinta anos de serviço, após cinco anos de exercício efetivo na judicatura.

[21] Art. 93, VI. A aposentadoria dos magistrados e a pensão dos seus dependentes observarão o disposto no art. 40.

tos e garantias institucionais dos magistrados, motivo pelo qual não poderia ser modificada nem mesmo por emenda constitucional.

A consequência da declaração de inconstitucionalidade acima exposta certamente será a de excluir a magistratura da reforma da previdência iniciada pela EC nº 20/98 e depois continuada pela EC nº 41/2003, que faz menção aos magistrados em seu art. 2º, ao tratar das regras gerais de transição. Os seus §§ 2º e 3º deixam claro que as referidas regras aplicam-se igualmente aos magistrados e preveem inclusive critérios de cálculo do tempo de serviço.[22] Em nosso ver é consequência lógica da declaração de inconstitucionalidade do art. 1º, da EC nº 20/98, na parte em que altera o regime de previdência dos magistrados, a inconstitucionalidade de todos os dispositivos que são desdobramentos desta alteração, como é o caso dos §§ 2º e 3º do art. 2º da EC nº 41/2003.

No entanto, para o fim de evitar qualquer dúvida porventura existente, a presente ação está impugnando igualmente os dispositivos da EC nº 41/2003, uma vez que, diante da inconstitucionalidade da alteração de regime prevista pela EC nº 20/98, não podem subsistir em relação aos magistrados nenhuma de suas consequências, como é o caso dos §§ 2º e 3º do art. 2º da EC nº 41/2003.

Não obstante as inconstitucionalidades formais da EC nº 20/98, notadamente nos aspectos relacionados ao processo legislativo, com supressão de instâncias de votação, deve ser esclarecido

---

[22] Art. 2º. Observado o disposto no art. 4º da Emenda Constitucional nº 20, de 15 de dezembro de 1998, é assegurado o direito de opção pela aposentadoria voluntária com proventos calculados de acordo com o art. 40, §§ 3º e 17, da Constituição Federal, àquele que tenha ingressado regularmente em cargo efetivo na Administração Pública direta, autárquica e fundacional, até a data de publicação daquela Emenda, quando o servidor, cumulativamente:
I - tiver cinqüenta e três anos de idade, se homem, e quarenta e oito anos de idade, se mulher;
II - tiver cinco anos de efetivo exercício no cargo em que se der a aposentadoria;
III - contar tempo de contribuição igual, no mínimo, à soma de:
a) trinta e cinco anos, se homem, e trinta anos, se mulher; e
b) um período adicional de contribuição equivalente a vinte por cento do tempo que, na data de publicação daquela Emenda, faltaria para atingir o limite de tempo constante da alínea a deste inciso.
§ 2º Aplica-se ao magistrado e ao membro do Ministério Público e de Tribunal de Contas o disposto neste artigo.
§ 3º Na aplicação do disposto no § 2º deste artigo, o magistrado ou o membro do Ministério Público ou de Tribunal de Contas, se homem, terá o tempo de serviço exercido até a data de publicação da Emenda Constitucional nº 20, de 15 de dezembro de 1998, contado com acréscimo de dezessete por cento, observado o disposto no § 1º deste artigo.

que a referida emenda padece igualmente de inconstitucionalidade material, uma vez que o regime de aposentadoria dos magistrados está intrinsecamente relacionado à garantia institucional da vitaliciedade dos juízes, que está incluída no texto constitucional como cláusula pétrea.

A aposentadoria dos magistrados não deixa de ser uma das restrições admitidas ao atributo da vitaliciedade, que se constitui em garantia alçada a valor fundamental para assegurar a independência do magistrado e, assim, de relevância crucial para a concretização dos princípios da independência e da separação dos poderes.

A vitaliciedade é uma prerrogativa que o magistrado detém por toda a vida, motivo pelo qual, salvo no que diz respeito ao cumprimento dos requisitos previstos na redação originária do art. 93, VI, da Constituição, jamais se poderia cogitar que os proventos fossem inferiores aos seus vencimentos enquanto no exercício do cargo.

Foi o constituinte de 1988, que ao engendrar um Poder Judiciário independente e harmônico com os demais, estabeleceu como garantias dos Juízes a vitaliciedade e a irredutibilidade de vencimentos, como se vê no art. 95, I e III. Não se pode esquecer que Juiz vitalício é juiz por toda a vida, mesmo após a aposentadoria, que lhe confere o status de Juiz aposentado. Não se trata de ex-Juiz, condição inexistente. Se o Juiz é Juiz por toda a vida, se sua investidura é perpétua e se tem a garantia da irredutibilidade de vencimentos, é inconstitucional toda proposta de emenda constitucional que reduza os proventos da sua aposentadoria, o que fere as garantias previstas na Constituição de 1988.

Em que pese não se confundir com a irredutibilidade de vencimentos ou de proventos, é inequívoco que a vitaliciedade assegura a paridade entre juízes ativos e inativos. Mais do que isso, a vitaliciedade, quando conjugada com a irredutibilidade de vencimentos, assegura a integralidade, a paridade e a irredutibilidade de proventos. Sob a perspectiva remuneratória, a principal decorrência da vitaliciedade – que não é assegurada a quem seja apenas estável – é, sem dúvida, a paridade dos proventos com os vencimentos próprios da situação do magistrado no momento da aposentação. De outro lado, como consectário inarredável da paridade, ao vitalício se garante a integralidade. Afinal, se a paridade assegura a igualdade remuneratória em relação ao magistrado que, em idêntica situação, permaneça na ativa, no momento em que ocorre a aposentadoria preserva-se íntegra a remuneração.

Pode-se acrescer que, sendo a vitaliciedade uma garantia fundamental para a independência da magistratura e do próprio Poder Judiciário, é inequívoco que não poderia ser alterada pelo constituinte derivado, sob pena de violação à separação dos poderes e aos direitos e garantias individuais dos magistrados (incisos III e IV do § 4º do art. 60 da Constituição Federal).

Consequentemente, as hipóteses de aposentadoria previstas no art. 93, VI, da Constituição são necessariamente exaustivas, sob pena de se comprometer de forma irremediável a própria garantia institucional dos magistrados à vitaliciedade.

O próprio STF já reconheceu a vinculação entre a vitaliciedade e as hipóteses de aposentadoria descritas na redação anterior do art. 93, VI, da Constituição. Tal questão foi debatida no julgamento da ADIN 98,[23] cuja ementa é clara ao ressaltar que o caráter exaustivo das hipóteses de aposentadoria descritas no art. 93, VI, da Consti-

---

[23] Relator Ministro Sepúlveda Pertence, DJ 31.10.97:

"I. Separação e independência dos Poderes: critério de identificação do modelo positivo brasileiro. O princípio da separação e independência dos Poderes não possui uma fórmula universal apriorística e completa: por isso, quando erigido, no ordenamento brasileiro, em dogma constitucional de observância compulsória pelos Estados-membros, o que a estes se há de impor como padrão não são concepções abstratas ou experiências concretas de outros países, mas sim o modelo brasileiro vigente de separação e independência dos Poderes, como concebido e desenvolvido na Constituição da República.

II. Magistrado: aposentadoria compulsória: exclusividade das hipóteses previstas no art. 93, VI, da Constituição: impossibilidade de criação de outra por Constituição Estadual.

1. O art. 93, VI, da Constituição, enumera taxativamente as hipóteses de aposentadoria facultativa e compulsória dos magistrados e veicula normas de absorção necessária pelos Estados-membros, que não as podem nem restringir nem ampliar.

2. Além de ser esse, na atualidade, o regime das normas constitucionais federais sobre os servidores públicos, com mais razão, não há como admitir possam os Estados subtrair garantias inseridas nas regras constitucionais centrais do estatuto da magistratura, entre as quais a da vitaliciedade, à efetividade da qual serve o caráter exaustivo dos casos previstos de aposentadoria compulsória do juiz.

3. Inconstitucionalidade da norma da Constituição Estadual que impõe a transferência obrigatória para a inatividade do Desembargador que, com trinta anos de serviço público, complete dez anos no Tribunal de Justiça.

4. Extensão da declaração de inconstitucionalidade a normas similares relativas aos Procuradores de Justiça e aos Conselheiros do Tribunal de Contas.

(...)"

tuição tem a finalidade precisa de dar efetividade à garantia institucional da vitaliciedade dos juízes, motivo pelo qual tais hipóteses não poderiam ser alteradas.

Como se pode observar, o voto do Ministro Sepúlveda Pertence é claro ao reconhecer a vitaliciedade como cláusula pétrea, que integra o regime constitucional brasileiro de separação e independência dos Poderes e que suas únicas exceções são as hipóteses delineadas no inciso I do art. 95 e na redação anterior do art. 93, VI, da Constituição. Daí porque, mesmo entendendo que a vitaliciedade é relativa, o voto deixou claro que não poderia haver nenhuma alteração no regime de aposentadoria dos magistrados, tal como previsto no art. 93, VI, da Constituição.

Assim como o precedente afirmou que as hipóteses de aposentadoria dos juízes, em razão de sua vinculação com a vitaliciedade, não poderiam ser alteradas pelo constituinte estadual, é certo que igualmente não podem ser modificadas pelo constituinte derivado federal. Tratando-se de cláusula pétrea que diz respeito à própria separação e independência dos poderes, esta não pode ser modificada por ninguém, seja no âmbito federal, seja no âmbito estadual.

Logo devemos concluir que é manifestamente inconstitucional a EC nº 20/98 na parte em que alterou o art. 93, VI, criando – na medida em que submeteu à magistratura ao regime jurídico dos servidores públicos - novos requisitos para a aposentadoria dos magistrados e ainda possibilitando a extinção da paridade entre proventos e vencimentos, que é consequência inafastável da vitaliciedade conjugada com a irredutibilidade de vencimentos.

Dessa maneira, violou a EC nº 20/98, ao mesmo tempo, duas cláusulas pétreas da Constituição, tendo em vista que a vitaliciedade tanto pode ser vista como garantia fundamental dos magistrados (CF, art. 60, § 4º, IV), como corolário do princípio da independência e da separação dos poderes (CF, art. 60, § 4º, III).

Mantendo esse entendimento, o Estado enfraquece um de seus poderes, aquele que é fundamental no Estado Democrático de Direito, modelo estatal que contém avanços normativos que corrigem ou melhoram as etapas anteriores do Estado, no qual se postulam igualdade, justiça social e a garantia dos direitos humanos fundamentais. Neste tipo estatal, do qual a Constituição brasileira de 1988 é exemplo, a valorização da dignidade da pessoa humana como valor e princípio fundamental ganha em importância e relevo.

O Estado Democrático de Direito ultrapassa tanto a formulação do Estado Mínimo como a do Estado Social, impondo ao Estado e à ordem jurídica, como tarefa principal, a transformação social no sentido de aprofundamento da democracia formal e substancial, ou seja, tanto a democracia política, como a econômica e social e a prevalência dos direitos humanos. A questão da igualdade ganha um conteúdo substantivo, no sentido de se assegurarem juridicamente padrões de vida dignos às pessoas humanas, não só do prisma individual, mas como seres que vivem em comunidade.

Não é demasiado repetir que o Judiciário tem papel importante a executar. Por isso, é fundamental a compreensão que devemos ter da Constituição Federal de 1988, que inovou no papel conferido ao Poder Judiciário no Estado Social e Democrático brasileiro, tendo em vista que lhe impõe um papel ativo deste poder frente ao descaso do Parlamento e do governo na implementação dos direitos individuais, sociais, da dignidade da pessoa humana e na erradicação da pobreza, como estabelecido no art. 1º, III, e no art. 3º, III, da Constituição Federal.

Logo, também por este fundamento, o de ser o guardião da cidadania, deve o juiz ter direito à plena aposentadoria, para que possa cumprir sua obrigação funcional com as garantias constitucionais estabelecidas pelo constituinte original e possa fazer cumprir o que é determinado e exigido pela Carta Magna, reduzindo as desigualdades sociais existentes e buscando dar dignidade ao cidadão brasileiro, transformando o Estado brasileiro em um Estado de paz e justiça social.

3. Das consequências da retirada do direito de aposentadoria com proventos integrais dos magistrados brasileiros: uma abordagem psicológica.

VALÉRIA EUGÊNIA NEVES WILLHELM

Juíza de Direito e Psicóloga

Um breve estudo no campo da psicologia

Para um melhor entendimento do assunto que pretendemos abordar, faz-se necessário adentrarmos no conceito de personalidade para o estudo do comportamento humano, no desenvolvimento da personalidade, nos elementos psíquicos fundamentais para um desenvolvimento psíquico saudável, bem como nas fontes destes elementos psíquicos.

Conceito de personalidade: Personalidade, para a ciência do comportamento humano, é o resultado da soma dos elementos intrapsíquicos do indivíduo, acumulados com os fatores hereditários e as respostas às vivências sociais.

O *desenvolvimento da personalidade* do ser humano começa com o nascimento, sendo que, até aproximadamente os sete anos de idade, o indivíduo já está com suas características de personalidade formadas, a qual vai se forjando com o transcorrer das experiências vividas.

Verifica-se que a grande maioria dos indivíduos com desenvolvimento psíquico normal, até atingirem a idade de aproximadamente 21 anos, já estão com pleno desenvolvimento das capacidades psíquicas.

Do nascimento à morte, o ser humano construirá sua existência com base em dois *elementos psíquicos fundamentais*, quais sejam: a *segurança* e *confiança*.

A criança, desde a tenra idade, encontrará ou buscará nos pais ou cuidadores a segurança e a confiança de que necessita para um desenvolvimento psíquico sadio. Suas funções psíquicas vão depender, basicamente, do seu funcionamento intrínseco, das condições psíquicas dos próprios genitores ou responsáveis, bem como da sua relação com o meio ambiente.

As fontes de segurança e confiança do indivíduo estão calcadas em determinadas necessidades psíquicas, quais sejam: segurança pessoal, reconhecimento pelo outro das minhas capacidades, reconhecimento em mim mesmo nas minhas capacidades, reconhecimento e gratidão ao outro e reconhecimento do outro como um ser autônomo, independente de mim.

Na vida adulta, dependendo de como as fontes de segurança e confiança foram introjetadas e vivenciadas pelo indivíduo durante sua vida, estas exercerão influência positiva ou negativa, demonstradas através de uma uma variedade de respostas psíquicas do indivíduo, como, por exemplo: no desejo de gratificação, na necessidade de respeito e consideração, nas espécies de hábitos adquiridos, nas respostas às pressões sociais, no desenvolvimento intelectual, no interesse estético ou artístico, na necessidade de poder, na necessidade de estabilidade econômica, bem assim na esfera da sexualidade, além de outras manifestações. Algumas respostas podem se apresentar mais fortes do que outras, dependendo das gratificações ou carências vivenciadas por cada pessoa.

Como forma de contextualizar o presente artigo, o qual não tem a intenção de esgotar o assunto, teremos como foco um dos *quatro pilares sustentadores da vida intrapsíquica do indivíduo, qual seja, a estabilidade econômica*. Ressalto, no entanto, que a pessoa é um ser único, que funciona harmonicamente com estes elementos (pilares de sustentação psíquica), quais sejam: a *saúde* (sobrevivência), a *sexualidade* (preservação da espécie), a *estabilidade econômica* (dignidade) e o *poder* (força).

ÉTICA E A PREVIDÊNCIA PÚBLICA E PRIVADA

Destaca-se que, quanto maior o equilíbrio existente entre os pilares saúde, sexualidade, estabilidade econômica e poder, melhores as condições psíquicas do indivíduo na superação das dificuldades existenciais. Por isso é de extrema importância, para o desenvolvimento psicológico sadio da pessoa, a manutenção deste equilíbrio, pois caso contrário, acarretará em prejuízos no seu comportamento profissional, familiar e pessoal.

Com relação aos Magistrados, fonte deste trabalho analítico, ressalta-se a importância que a convivência harmônica dos referidos pilares de sustentação psíquica exerce sobre a vida pessoal e profissional dos juízes, pois a ausência ou o desajuste de algum destes elementos implicará desequilíbrio pessoal, com prováveis interferências (projeções de problema seus no outro, negação, deslocamento, além de outros mecanismos psíquicos de defesa) na sua missão jurídica.

O presente estudo, baseado na análise acima, busca fazer uma analogia entre a importância na manutenção destes pilares de sustentação psíquica durante a carreira e, principalmente, frente à aposentadoria do magistrado, pois se trata de um momento de crise na vida de qualquer pessoa.

O estudante do Direito, após a formatura, ao decidir ingressar na carreira da magistratura, sabidamente, uma opção importante na sua vida pessoal e familiar, pois terá de abdicar do convívio com as pessoas que mais ama para se dedicar ao estudo exaustivo da Ciência do Direito, certamente, ao tomar esta decisão, está considerando o fato de toda esta dedicação ser recompensada através de um futuro digno, com a manutenção da sua condição econômica, caso contrário, optaria por outros caminhos.

Sabemos que o exercício da magistratura impede a diversificação de outras atividades com melhores resultados econômico-financeiros, posto que a única fonte legal possível de ganhos extras (restritos) é a docência.

O perfil psicológico exigido e estimulado para o exercício da magistratura é de uma pessoa organizada, determinada e segura. Isto significa ser um indivíduo que faça previsões do seu futuro pessoal, profissional e econômico. Este perfil requerido só se coaduna com a estabilidade econômica durante toda a vida, pois, certamente, o perfil do magistrado, na grande maioria, não se trata de pessoa afeita a correr riscos econômicos. O exercício da judicatura requer sobriedade, estabilidade emocional e honestidade, não sendo viável, nem almejado, o enriquecimento, não sendo possível, portanto, durante o exercício profissional, que o magistrado consiga fazer reservas econômicas como meio de prover uma aposentadoria com o mesmo ganho e dignidade da ativa.

Sabemos que, após ingressar na carreira da magistratura, o juiz abre mão do convívio diário com os seus familiares e amigos, tornando-se um sacerdote das leis e da justiça, mantendo-se equidistante das partes que julga, com convívio social reservado, como forma de evitar interferência nos seus julgamentos.

Diante da vida reclusa exigida pela carreira da magistratura, faz-se necessário que, devido ao perfil psicológico exigido pela sociedade, os magistrados mais novos, não cobertos pela legislação previdenciária anterior, da integralidade de proventos na aposentadoria, tenham garantidas as mesmas condições de segurança e confiança econômica dos magistrados mais antigos da ativa (com direitos adquiridos) e dos inativos, cobertos pelas garantias previstas, anteriormente, na Constituição Federal de 1988.

Verifica-se que, no caso de diminuição nos rendimentos pós aposentadoria, como quer o legislador atual, possivelmente, tenderá a um completo desequilíbrio no pilar psíquico da estabilidade econômica dos juízes, afetando o indispensável equilíbrio entre os sustentáculos, saúde, sexualidade, estabilidade econômica e poder, além de prováveis repercussões no exercício da magistratura atual e no poder que representa o judiciário na democracia brasileira, pois é, em grande parte, graças ao perfil de juiz que a sociedade impõe para o exercício da magistratura, que a democracia tem avançado tanto, com magistrados equilibrados, independentes e íntegros, qualidades indispensáveis para a manutenção e melhora das relações entre os poderes e os cidadãos.

As fantasias que a sociedade tem no que diz respeito aos ganhos e a vida dos magistrados são absurdas e irreais, e possivelmente isso foi considerado, de forma equivocada, pelo legislador, quando optou por mudar as regras da aposentadoria desses profissionais, deixando de considerar o perfil vitorioso e bem sucedido da magistratura atual.

O Poder Legislativo, provavelmente, não entendeu que, ao retirar o direito dos juízes à aposentadoria integral, influenciou negativamente no equilíbrio necessário à convivência harmônica entre os pilares de sustentação psíquica destes indivíduos, afetando-os de maneira importante nas suas necessidades de reconhecimento e autoestima, indispensáveis ao exercício de uma magistratura equilibrada.

Até então, a sociedade pôde contar com magistrados independentes e psiquicamente sadios, pois estes trabalhavam com a segurança e confiança de que poderiam contar com uma velhice digna, recebendo proventos integrais, dignos de um profissional que abdicou de uma vida pessoal e familiar, dedicando quase toda a sua vida à sociedade e, muitas vezes, sofrendo até ameaças por decisões não muito bem recebidas, mas necessárias ao convívio e ao apaziguamento social.

A norma atual elimina o direito à aposentadoria integral dos magistrados que não estão sob a proteção da lei anterior, retirando a segurança e a confiança necessárias ao bom desempenho da magistratura, afetando a estabilidade econômica esperada e merecida daquele indivíduo que busca, nesta carreira, uma velhice digna. Com efeito, percebe-se que tal norma, possivelmente, acarretará mudanças no perfil do juiz que a sociedade deseja, causando prováveis prejuízos à própria coletividade.

O fato de o magistrado não ter garantida uma aposentadoria digna e integral implicará, certamente, repercussões em todas as áreas de atividade, quer profissional, quer pessoal ou familiar do juiz. A vida sacrificada no exercício da magistratura, com impreteríveis mudanças, trabalho exaustivo, número crescente de processos, muitas vezes longe dos amigos e da família, com dedicação integral, com riscos inerentes ao exercício profissional, já tem acarretado dificuldades na manutenção das relações familiares e da saúde mental de alguns magistrados, imaginemos, agora, como se dará o acréscimo de uma aposentadoria incapaz de dar seguimento à modesta vida que leva um juiz.

Um dos atrativos importantes para a seleção de excelentes juízes, como os atuais, independentes e bem sucedidos, é, sem dúvida alguma, a *estabilidade econômica*, que, até então, era um direito assegurado à totalidade dos magistrados. Verifica-se, à luz de uma interpretação psicológica, que a negativa deste direito por parte da sociedade virá, certamente, em prejuízo dos cidadãos, pois, para a manutenção do Estado Democrático de Direito, espera-se que os conflitos existentes entre as pessoas sejam julgados por magistrados equilibrados psiquicamente, justos, e independentes nas suas decisões, um comportamento que só poderá ser encontrado em um indivíduo que tenha satisfeitas as suas necessidades psíquicas básicas, dentre as quais encontra-se a *estabilidade econômica*.

Finalizando, o presente estudo psicológico teve por objetivo demonstrar e conscientizar a sociedade sobre a importância da manutenção do direito dos magistrados brasileiros à aposentadoria integral, visando à preservação do bem estar social e ao respeito da cidadania, princípios éticos e democráticos que regem a Previdência Social, garantidores do princípio fundamental da dignidade da pessoa humana.

Bibliografia utilizada para o assunto

Brenner, Charles. *Noções Básicas de Psicanálise*: introdução à psicologia psicanalítica. 3ª ed., Rio de Janeiro: Imago; São Paulo: Editora da Universidade de São Paulo, 1975.

Freud, Anna. *O Ego e os Mecanismos de Defesa*. 4ª ed., Rio de Janeiro: Editora Civilização Brasileira, 1977.

Lidz, Theodore. *A Pessoa*: seu desenvolvimento durante o ciclo vital; Porto Alegre: Artes Médicas, 1983.

Sarlet, Ingo Wofgang, (org.). *Dimensões da Dignidade*: Ensaios de Filosofia do Direito e Direito Constitucional. 2ª ed. Porto Alegre: Livraria do Advogado Editora, 2009.

Capítulo III

A PREVIDÊNCIA SOCIAL E A RESPONSABILIDADE ÉTICA DO ESTADO

1. Previdência Social: entre a ética da solidariedade e a ética de mercado[1]

MARCELO LEMOS DORNELLES
Promotor de Justiça desde 1996, foi eleito presidente da AMP/RS em 2008, depois de ter exercido a Vice-Presidência da entidade na gestão anterior.

ANDRÉ FERNANDO JANSON CARVALHO LEITE
Promotor de Justiça no Estado do Rio Grande do Sul.
Assessor Legislativo da Associação do MP/RS.

Sumário: 1.1. Introdução – O debate sobre a previdência social no Brasil; 1.2. Ética e direito como dimensões normativas do homem; 1.3. Previdência e a ética da solidariedade; 1.4. Previdência e a ética de mercado; 1.5. A inflexão ética na questão previdenciária – da solidariedade ao mercado; 1.6. Conclusão; 1.7. Referências bibliográficas.

1.1. Introdução – O debate sobre a previdência social no Brasil

O sistema de previdência social no Brasil, nos moldes em que instituído pelo constituinte de 1988, tem sido objeto de contínuo

---

[1] Artigo elaborado pela Associação do Ministério Público do Rio Grande do Sul destinado a contribuir para o projeto de iniciativa do Departamento Extraordinário de Previdência dos Magistrados e Pensionistas da AJURIS consistente na elaboração de livro que terá por título *Ética e a Previdência Pública e Privada*.

esforço reformador intentado pelo Poder Executivo e deliberado no âmbito do Poder Legislativo.

Desde o marco inicial da ordem constitucional vigente, três foram as reformas constitucionais a que submetido, o que se deu através das emendas constitucionais de n°s 20, de 15 de dezembro de 1998, 41, de 19 de dezembro de 2003, e 47, de 5 de julho de 2005.

A análise retrospectiva dos fatos deste processo revela que, a despeito da magnitude da relevância social do sistema e da complexidade de seus fundamentos, o debate público a seu respeito sempre foi travado de maneira deliberadamente superficial e propositalmente afastada da realidade em sua extensão plena.

A questão, que é interdisciplinar por natureza, reclama a consideração séria e profunda a aspectos diversos de cunho demográfico, econômico, político, jurídico e social e também ético. Contudo, o debate, ao que se viu até hoje, sempre teve destacada quase que com exclusividade sua face financeira, pregando-se junto à opinião pública a inevitável falência do sistema, que é ainda caracterizado como um entrave ao desenvolvimento econômico, por comprometer a eficiência fiscal do governo.

O tom do discurso reformador não é outro senão terrorista,[2] como bem advertiu o jurista Dalmo de Abreu Dallari já no ano de 2003, o que se explica na medida em que é destinado a cercear a confrontação de argumentos, encobrir suas verdadeiras premissas e seus defensores, e, sobretudo, obscurecer os subjacentes propósitos e interesses envolvidos nas reformas.

Neste tom, reitera-se a constante crítica ao modelo de previdência social de caráter público, solidário, de repartição simples e benefício definido, lançando-se mão de dados financeiros e cálculos atuariais que nem sempre correspondem à realidade material e jurídica. Ao contrário, pouco ou nada se fala quanto às causas circunstanciais ao modelo,[3] fundadas na má gestão exercida pelo governo no que tange à atividade de arrecadação a permitir a mais variada ordem de desvios e inadimplementos, além da incapacidade para

---

[2] DALLARI, Dalmo de Abreu. *Previdência ou Imprevidência*. Porto Alegre: Livraria do Advogado, 2003, p. 5.

[3] MODESTO, Paulo. *Reforma da Previdência*. Belo Horizonte, Ed. Fórum, p. 29/31.

GARCIA, Maria. O problema da Previdência Social no Limiar do Século XXI: os Direitos Humanos de Proteção Previdenciária no Brasil, *Revista IOB trabalhista e previdenciária* v. 237, Março de 2009. p. 36/41.

atrair novos participantes do sistema, através de estímulos à população economicamente ativa que atua no plano da informalidade.

Mais grave ainda, a contínua omissão estatal no cumprimento de sua contrapartida contributiva quanto ao regime próprio de servidores públicos e a histórica e indecorosa imprevidência que decorreu dos desvios dos recursos previdenciários alheios aos fins específicos do sistema ao longo do século passado são tratados como fatos políticos consumados, esquivando-se o Estado de satisfazer sua dívida que é, além de pecuniária, moral, em total ofensa aos princípios da segurança jurídica e da boa-fé, pilares do Estado Democrático de Direito.

Assim também no plano previdenciário a questão jurídica é solapada pelo argumento de autoridade econômica, fazendo com que o direito fundamental à previdência social, que concretiza o valor fonte da dignidade da pessoa humana e o objetivo fundamental da solidariedade, seja ofendido em sua essência, reduzido a uma questão de política fiscal e conduzido a uma solução de mercado.

O presente artigo pretende, de modo singelo, chamar a atenção para o fato de que na base da dicotomia entre os modelos de previdência social estão presentes duas diversas concepções éticas, sendo uma afirmada na concretização de direitos fundamentais e, outra, na submissão destes direitos ao mercado.

Assim, é imperioso o desvelamento destes pontos, a fim de que o debate possa se dar de modo transparente, pautado pela verdade de seus argumentos, possibilitando-se à nação, através de seus legítimos representantes, escolher entre a ética fundada nos valores da solidariedade e do bem-estar e a ética calcada na promoção do mercado.

1.2. Ética e direito como dimensões normativas do homem

O homem é, por excelência, um ser normativo, na medida em que, dotado de racionalidade, estabelece padrões de conduta que orientam seu agir, razão pela qual é correto afirmar que não há conduta humana vazia de finalidade, porquanto sempre esteja a cotejar meios a fins, o que condiciona seu comportamento e sua ação.

Tal é da essência da natureza humana, não tendo sido produto de outra circunstância interna senão do próprio desenvolvimento humano, repita-se, tributário da racionalidade, que se expressa em sua historicidade, confrontando sua inserção no mundo a condicionamentos externos.

É este o fenômeno da normatividade humana, que, em sua dimensão primeira, se expressa no plano da ética.

Informado por valores, o homem estabelece padrões de comportamento que se prestam ao reconhecimento e ao trato de seus semelhantes, formulando regras que se voltam à eleição de fins para a sua realização plena, comportando, a um só tempo, sua satisfação individual e sua vocação social. Tais fins relacionam-se a valores fundantes da sociabilidade.

Os padrões éticos de determinada comunidade, causa e efeito de seu meio cultural, expressam-se em suas crenças e costumes e atendem a valores de variados níveis.

Em uma escala de valores, os de natureza culminante dão ensejo ao conteúdo embrionário do Direito, sendo assim concebido o Direito, em seu estado latente, como a expressão de um mínimo ético, de aceitação natural, que decorre da experiência e da racionalidade humanas tendentes à realização do bem.[4]

Tais valores, postos no ápice da pirâmide axiológica, são a causa material de um direito de aceitação natural,[5] porquanto decorram da própria natureza humana.

Cita-se como exemplar primeiro destes valores apicais o primado da dignidade pessoa humana, tido como valor fonte que deve estabelecer as bases de todas as regras éticas, determinando as formas de defesa e promoção deste valor, de modo a alcançar-lhe ple-

---

[4] MONCADA, L. Cabral de. *Filosofia do Direito e do Estado*, II Parte – Doutrina e Crítica. Coimbra: Editora Coimbra. Pág. 139. "Em segundo lugar, também uma boa parte dos preceitos do direito – é preciso acrescentar – se acham como que carregados já duma substância de eticidade, de valores éticos, que, bem vistas as coisas, não são tão simplesmente formais como à primeira vista podia parecer, e nada têm de arbitrário ou acidental. São estes valores éticos cimeiros, cujo acatamento é absolutamente indispensável, ou que são condição sine qua non, para qualquer sociedade poder existir como comunidade de homens. É o que se chama de mínimo ético do direito".

[5] O presente trabalho não comporta profunda digressão sobre as teorias que envolvem o imbricamento ou não entre direito e moral, mas toma como premissa o constitucionalismo de valores inserido no pós-positivismo, do qual são seus expoentes teóricos, dentre outros, Ronald Dworkin e Robert Alexy.

na concretude, estando positivado na atual ordem constitucional no artigo 1°, III, da Constituição Federal.

Tão relevante quanto o anterior, o valor justiça também integra o plano mínimo da ética e, pois, é gérmen do direito.

Contudo, a condição de fundamentalidade de tais valores éticos traz em si a correlata generalidade e abstração de seus conceitos. Por esta razão, determiná-los em concreto é tarefa por demais severa, o que não se efetiva de modo unívoco em um contexto social manifestamente plural.

Tomado como exemplo o valor ético de justiça, Chaïm Perelman aponta a equivocidade de seu conceito, que não comporta formulação universalmente aceita.

Na lição do mestre belga o conceito de justiça encerra ao menos seis acepções, referindo-se a ele como sendo a destinação dos bens da vida de forma igualitária; ou proporcional aos méritos; ou proporcional às obras; ou proporcional às necessidades; ou proporcional à posição social; ou proporcional ao que a lei atribui.[6]

À luz do exemplo, bem se vê o problema inerente à definição concreta do conteúdo dos valores éticos fundamentais, sendo consequência a diversidade de concepções a respeito.

A equivocidade quanto à identificação concreta dos valores éticos assume proporção mais gravosa quando enfrentamos a questão atinente à eleição de meios para a promoção dos fins. Se é próprio da sociabilidade humana a sua condição plural, o que inclusive é um valor em si que deve ser promovido através de um ambiente democrático, por resultado também decorre uma variabilidade ética, que se funda sobretudo na preponderância de valores uns frente a outros.

Por esta razão, o plano da ética não basta à normatividade humana, porque a diversidade de padrões éticos reclama a escolha de fins e meios que sejam a todos aplicáveis, sendo este o papel do Direito, que tem como função selecionar e estabelecer padrões de conduta em caráter imperativo, possibilitando sua observância e cumprimento através de mecanismos de coerção externa, fundados na legitimidade do poder instituidor, que hodiernamente é sobretudo de fonte estatal.

---

[6] PERELMAN, Chaïm. *Ética e Direito*. São Paulo: Martins Fontes, 2002. p. 8/13.

A constituição de um país, pois, sendo dotada de força normativa, é o fundamento primeiro da ordem jurídica constitucional e pode ser entendida como o fruto do consenso sobre pautas éticas determinantes da sociabilidade de dada nação.

Por este motivo, possível sustentar que é através do Poder Constituinte que se elegem pautas éticas sobre os temas mais relevantes ao ordenamento jurídico de determinado Estado.

Assim, também quanto à questão da previdência social, que integra o conteúdo material de nossa Carta Constitucional, a opção por determinado modelo de sistema revela, em nível fundamental, uma indisfarçável opção de padrão ético.

Resta que se identifiquem qual o padrão ético previsto originariamente e qual o padrão ético a que o contínuo processo reformista se direciona.

1.3. Previdência e a ética da solidariedade

Tido como valor fundamental ao conjunto de princípios éticos,[7] a solidariedade assume função complementar aos demais princípios, na medida em que articula a realização dos valores da liberdade, da igualdade e da segurança.

A solidariedade ética, segundo o magistério de Fábio Konder Comparato, atua em três dimensões, sendo a primeira no interior de cada grupo social, a segunda no relacionamento entre grupos sociais de diversas nações e a terceira na dimensão intergeracional, entrelaçando as três etapas da vida humana: jovem, adulta e da velhice.

O constituinte de 1988, em seu artigo 3º, I, bem atendeu ao valor ético da solidariedade, consagrado como um dos objetivos fundamentais da República Federativa do Brasil a construção de uma sociedade livre, justa e *solidária*.

A solidariedade, pois, mereceu destaque especial pelo constituinte, expressando-se como valor ético relevante, informador e justificador das opções políticas.

---

[7] COMPARATO, Fábio Konder. *Ética, Direito, Moral e Religião no Mundo Moderno*. São Paulo, Companhia das Letras, p. 577/579.

Em matéria previdenciária, a emenda constitucional de nº 41 consignou expressamente o caráter solidário do regime próprio da previdência dos servidores públicos, passando a prever que "aos servidores titulares de cargos efetivos da União, dos Estados, do Distrito Federal e dos Municípios, incluídas suas autarquias e fundações, é assegurado regime de previdência de caráter contributivo e *solidário*, mediante contribuição do respectivo ente público, dos servidores ativos e inativos e dos pensionistas, observados critérios que preservem o equilíbrio financeiro e atuarial e o disposto neste artigo".

Assim, bem concretamente, o regime previdenciário dos servidores públicos foi afirmado e reafirmado à luz do princípio da solidariedade.

Esta solidariedade expressa-se na dimensão intrassocial, através do custeio da seguridade social por toda a sociedade, à conta das contribuições previstas no artigo 195 da Constituição Federal, e também na dimensão intrageracional, o que decorre do sistema de repartição simples.

Desde logo, a fim de que se espantem as críticas apressadas, a consagração de tal valor não veio em desconsideração a imposições de caráter econômico, porquanto também tenha sido previsto como fundamento do sistema a preservação de seu equilíbrio financeiro e atuarial.

Raciocínio incorreto, contudo, é desconsiderar a incidência normartiva do princípio ético da solidariedade quanto ao regime de previdência social, resumindo-o à mera questão da lógica econômica.

No enfrentamento da questão previdenciária, é inafastável a consideração ao princípio ético da solidariedade, como forma de assegurar a concretização do direito fundamental à segurança e à previdência social.

Assim, importa ao sistema uma interação entre os princípios da solidariedade e do equilíbrio econômico, tendo-se como norte a realização do objetivo fundamental da República.

E, como meio para a promoção do princípio da solidariedade, assumem relevo significativo a forma de repartição simples do sistema que caracteriza o modelo de previdência social, bem como a previsão de contribuição pelo poder público, através do custeio por meio de parcela das contribuições destinadas a esta finalidade, além de sua responsabilidade na solvência dos benefícios.

Sobre estas bases é que fora instituído o modelo previdenciário que se pretende reformar.

1.4. Previdência e a ética de mercado

Como dito antes, coexistem em uma sociedade plural diversas matizes de padrões éticos, sobretudo no que concerne à escolha de meios para a realização de fins.

O consenso político, necessário à produção do direito estatal, perpassa o caminho da escolha de valores preponderantes uns em relação a outros no enfrentamento de determinado tema.

Assim, contrariamente à concepção fundada na ética da solidariedade, outra é a possibilidade de entendimento da questão previdenciária, sendo ela afirmada na preponderância dos valores inerentes à economia de mercado.

A economia de mercado, enquanto modelo hegemônico de arranjo social para a produção de bens e serviços, também mereceu tratamento destacado na ordem constitucional vigente, encontrando asseguradas suas bases em preceitos positivos, a exemplo do que se destacam os valores sociais do trabalho e da livre iniciativa (artigo 1º, IV, artigo 5º, inc. XIII, e 170, *caput*), a tutela do direito fundamental à propriedade (artigo 5º, *caput*, e incs. XXII, XXVII e XXIX e artigo 170, inc. II) e os princípios da livre concorrência (artigo 170, inc. IV) e do exercício da atividade econômica em caráter subsidiário pelo estado (artigo 173, *caput*).

O tratamento dispensado pelo Poder Constituinte encontra plena justificativa porquanto seja o modelo de natural aceitação pela sociedade brasileira, arraigado a toda experiência histórica nacional, em consonância com a expressiva maioria dos estados nacionais. Ademais, é bom que se refira que, até o atual estágio do desenvolvimento humano, nenhum outro modelo possibilitou maiores avanços no plano econômico e social, garantindo ao homem o atual patamar de sua condição de bem-estar.

Contudo, ainda que assim se reconheça, também é de se reconhecer que o primeiro postulado ético que funda a economia de mercado é o da prevalência do lucro, porquanto sejam os estímulos de ganho que orientam as escolhas dos agentes econômicos. Ninguém melhor que Max Weber identificou uma correlação entre a ética de valorização do lucro e o desenvolvimento do modelo capitalista.[8]

De tal modo, a despeito de se considerar o valor relevante da economia de mercado, é vital que se afirme que a racionalidade econômica não pode ser informada exclusivamente pela busca pelo lucro.

Por esta razão, o primado da centralidade da pessoa humana e sua concretização através da tutela dos direitos fundamentais, sobretudo os de caráter social, impõem ao exercício da livre atividade econômica uma pauta ética que se afirma como atenuação da busca pelo lucro.[9]

Tocante ao tema da previdência, a ordem constitucional vigente estabelece sua conexão com a ética de mercado ao estabelecer a possibilidade da instituição de regimes de previdência complementar.

Nos termos do artigo 202 da Constituição Federal, com a redação que lhe foi dada pela emenda constitucional de nº 20 de 1998, o regime de previdência privada, de caráter complementar e organizado de forma autônoma em relação ao regime geral de previdência social, será facultativo, baseado na constituição de reservas que garantam o benefício contratado, e regulado por lei complementar.

Dito modelo de previdência, ainda que situado na seção denominada "da previdência social", tem caráter privado, não estando abarcado pelo modelo público, sendo complementar ao regime geral e de filiação facultativa, podendo ser de natureza fechada ou aberta.[10]

O modelo de previdência complementar privado foi regulamentado por meio da Lei Complementar de nº 109.

Em seu artigo primeiro, está previsto que o regime de previdência privada, de caráter complementar e organizado de forma

---

[8] WEBER, Max, *A Ética Protestante e o Espírito do Capitalismo*. 14ª ed. São Paulo, Pioneira, 1999.

[9] BITAR. Eduardo C. B. *Curso de Ética Jurídica. Ética Geral e Profissional*. 6ª ed. São Paulo: Saraiva, 2009.

[10] MODESTO, Paulo, op. cit., p. 32

autônoma em relação ao regime geral de previdência social, é facultativo, baseado na constituição de reservas que garantam o benefício, nos termos do *caput* do artigo 202 da Constituição Federal, observado o disposto nesta Lei Complementar.

Por esta razão, é correto afirmar que tal modelo pouco se identifica com valor ético de solidariedade, porquanto se restrinja a possibilitar instrumentos para a constituição de reservas financeiras (poupança). E, como já visto, é necessário entender que previdência que se pretende social não se resume a mera poupança.

Neste sentido, calha com perfeição e atualidade o magistério de Mozart Victor Russomano,[11] quando afirma que "a Previdência Social, embora ligada, como dissemos, a idéia de poupança, não é mero sistema de acumulação de reservas para o dia de amanhã. Seu pano de fundo é o sentimento universal de solidariedade entre os homens, ante as pungentes aflições de alguns e a generosa sensibilidade de muitos".

Por outro lado, dito regime de previdência não contempla, necessariamente, proteção aos riscos infortunísticos, o que deverá ser objeto de contratação de produtos específicos junto à atividade privada de seguros, como possibilita o comando do artigo 201, § 10, da Constituição Federal.

Assim, em rápida análise, é possível deduzir que o sistema de previdência complementar privado mais atende aos interesses econômicos fundados na ética de mercado.

Tal vinculação entre mercado e previdência privada, seja na modalidade fechada, seja na modalidade aberta, decorre sobretudo de três fatores.

O primeiro, em virtude das remunerações destinadas aos gestores dos recursos, o que se observa tanto em relação às entidades de caráter aberto como em relação às de caráter fechado, ainda que sem fins lucrativos.

O segundo, em decorrência das comissões prestadas pelas contribuições passadas às entidades abertas de previdência complementar privada, às quais não há a imposição de vedação à obtenção de lucro. Quanto a este aspecto, as grandes instituições financeiras

---

[11] RUSSOMANO, Mozart Victor. *Curso de Previdência Social*. 2ª ed. Rio de Janeiro: Forense, 1983. p. 2/3.

têm como estratégia a exploração deste ramo, dada a magnitude das cifras envolvidas.

O terceiro, e talvez o mais relevante, através do direcionamento dos recursos à aquisição de ativos disponíveis no mercado financeiro e de capitais, fomentando com significativa força o desenvolvimento da atividade de empresas de capital aberto, o que é feito sobretudo por entidades fechadas de previdência complementar, conhecidas como fundos de pensão, que assumem a condição de investidores institucionais, determinantes à liquidez do sistema financeiro e à definição de estratégias macro-econômicas.

Quanto a esta realidade, importa trazer a conhecimento o teor da mensagem presidencial de nº 668[12] que encaminhou o projeto de lei destinado a regulamentar a criação da Superintendência Nacional de Previdência Complementar, registrado junto à Câmara Federal sob o nº 3.962/2008. Do texto extrai-se a seguinte passagem:

"3. As entidades fechadas de previdência complementar, mais conhecidas como fundos de pensão, apresentam números expressivos que demonstram sua importância social e econômica para o País. Segundo dados de abril de 2008, o sistema conta com a participação de 2,5 milhões de participantes entre trabalhadores ativos e assistidos, alcançando, com os dependentes, cerca de 6,7 milhões de pessoas. Atualmente, há 369 entidades fechadas de previdência complementar em funcionamento no País, que operam 1.044 planos de benefícios, patrocinados por 2,3 mil empresas. Tais entidades acumulam um patrimônio superior a R$ 465 bilhões, correspondendo a 17% do Produto Interno Bruto (PIB)."

"4. A previdência complementar operada pelos fundos de pensão tem papel expressivo não somente em termos de ampliação da cobertura social, na medida em que garante uma complementação de aposentadoria do trabalhador, mas também como fonte de acumulação de poupança de longo prazo, estável, nacional e essencial para o fomento da atividade produtiva."

---

[12] Extraído do site da Câmara dos Deputados Federais, disponível em <http://www.camara.gov.br/sileg/integras/595273.pdf> - acessado em 25/05/2009.

1.5. A inflexão ética na questão previdenciária – da solidariedade ao mercado

Passados vinte anos que separam o atual momento daquele de promulgação da Constituição Federal de 1998, percebe-se com clareza o esforço reformador a que submetida a disciplina constitucional previdenciária, que, como já dito, foi objeto de três emendas constitucionais.

Tal movimento revela uma nítida inflexão que se afasta da ética afirmada no valor da solidariedade e se aproxima à ética fundada em valores que são próprios à economia de mercado.

Tal fenômeno está intimamente relacionado ao processo de globalização liberal experimentado com maior vigor nas últimas três décadas. Neste contexto, as opções políticas nacionais que concretizam valores éticos são submetidas a ingerências de entidades e organismos supranacionais, os quais ditam soluções que atendem aos interesses relacionados a seus próprios valores éticos, por vezes dissociados dos valores que inspiraram a materialização do modelo constitucional de determinado estado nacional.[13]

Assim o vem sendo quanto ao tema da previdência social na América Latina, incluindo-se o caso brasileiro.

A reforma dos sistemas de previdência é um dos principais objetivos que preconiza o Banco Mundial em relação ao Brasil, a fim de que se alinhe a seus princípios de política econômica.

Em estudo realizado no ano de 2000 sobre a questão previdenciária no Brasil,[14] o Banco Mundial concluiu que "a previdência social é o problema fiscal mais importante enfrentado atualmente pelos governos federal e subnacionais no Brasil".

Extrai-se do documento a seguinte passagem:

"Os obstáculos à reforma são bem conhecidos e formidáveis, nas suas dimensões legislativa, judiciária e executiva. Apesar

---

[13] COSTA, Flávio Dino de Castro e, Globalização e Crise Constitucional, *RDA* v. 211, página 234. FARIA, José Eduardo. Globalização, autonomia decisória e política. *In* 1988 - 1998: uma Década de Constituição, Rio de Janeiro: Renovar, 1999, p. 307/311.

[14] Banco Mundial, Brasil Questões Críticas da Previdência Social, Relatório nº 19641 – BR., Volume 1, pág. 29. disponível em <http://siteresources.worldbank.org/BRAZILINPOREX-TN/Resources/3817166-1185895645304/4044168-1186403960425/08Sinopse.pdf> – acessado em 25/05/09.

dessas barreiras, o Governo Federal vem procurando ativa-mente formas de alcançá-la desde o início de 1997. Mesmo em meio às eleições nacionais de 1998 – que nunca são um período propício para que os governos negociem o contrato social com os eleitores –o Governo Federal manteve o ímpeto reformista. As reformas constitucionais foram aprovadas em novembro de 1998 e outras medidas – especialmente o aumento das contribuições dos participantes do RJU – foram tentadas em 1999".

Em consonância com os ditames do referido organismo internacional, a emenda constitucional de n° 20 de 1998, ao incluir o parágrafo 14[15] ao artigo 40 da Constituição Federal, previu a possibilidade de adoção do regime de previdência complementar dos servidores públicos. Dito regime bem atende a um dos postulados professados pela organização, qual seja o de limitação da responsabilidade do Estado no pagamento de benefícios aos servidores públicos a um patamar idêntico àquele da cobertura prevista ao regime geral, igualando o regime próprio dos servidores ao regime geral de previdência.

Em seguimento, a emenda constitucional de n° 41 de 2003 deu um passo adiante, estatuindo, através da nova redação dada ao parágrafo 15[016] do artigo 40 da Constituição Federal, que os planos de benefícios a serem disponibilizados aos servidores só poderiam ser na modalidade de contribuição definida, espécie na qual os benefícios são incertos, dependendo do montante capitalizado pelo participante e, ainda, da performance obtida na gestão destes recursos.

Por fim, ainda em consonância com o ideário do Banco Mundial, tramita, agora em nível infraconstitucional, projeto de lei que concretiza o desiderato reformista.

---

[15] § 14" A União, os Estados, o Distrito Federal e os Municípios, desde que instituam regime de previdência complementar para os seus respectivos servidores titulares de cargo efetivo, poderão fixar, para o valor das aposentadorias e pensões a serem concedidas pelo regime de que trata este artigo, o limite máximo estabelecido para os benefícios do regime geral de previdência social de que trata o art. 201. (Incluído pela Emenda Constitucional n° 20, de 15/12/98).

[16] § 15° O regime de previdência complementar de que trata o § 14 será instituído por lei de iniciativa do respectivo Poder Executivo, observado o disposto no art. 202 e seus parágrafos, no que couber, por intermédio de entidades fechadas de previdência complementar, de natureza pública, que oferecerão aos respectivos participantes planos de benefícios somente na modalidade de contribuição definida. (Redação dada pela Emenda Constitucional n° 41, 19.12.2003)

O projeto de lei registrado na Câmara dos Deputados Federais sob o nº 1.992/2007[17] visa a instituir o regime de previdência complementar a que se referem os parágrafos de nºs 14, 15 e 16 do artigo 40 da Constituição Federal para os servidores públicos titulares de cargo efetivo da União, suas autarquias e fundações, inclusive para os membros do Poder Judiciário, do Ministério Público e do Tribunal de Contas da União.

Algumas considerações se impõem como diagnóstico do marco normativo que se pretende produzir.

A previsão do novo modelo possibilita a divisão de regimes previdenciários a que submetido o servidor público, estando limitado o benefício a ser custeado pelo ente estatal ao teto do valor de benefício previsto ao regime geral, ao passo que o excedente será direcionado à entidade fechada de previdência complementar a ser criada no âmbito dos entes estatais que optem por instituir tal modelo, o que se extrai dos artigos 3º e 16 do projeto de lei.

Quanto ao primeiro, permanecem as regras que consagram o benefício na forma definida, mas, quanto ao novo regime, prevê-se a modalidade de *contribuição definida*, como expressamente diz o artigo 12, *caput*, do projeto de lei, sendo adotado o modelo de capitalização em contas individuais, ao qual estará vinculado o benefício a ser percebido, que variará no curso de seu gozo (artigo 12, § 2º).

A administração do regime de previdência complementar estará a cargo de entidade fechada a ser criada no âmbito dos entes estatais e terá a natureza de fundação, sendo de caráter público, como determina o artigo 40, § 15, da Constituição Federal e reforça o artigo 8º do projeto de lei, mas submetida à disciplina do regime privado, por conta da expressa previsão contida no artigo 4º, parágrafo único, da proposta. Tal circunstância enseja discussão a respeito de sua natureza, transparecendo que a intenção legislativa é vocacionada a atenuar o caráter público de dita instituição, destinando-a tratamento como se agente econômico fosse, equiparando-a a uma empresa estatal, o que inclusive é declarado expressamente no item

---

[17] No âmbito do estado do Rio Grande do Sul, tramita perante a Colenda Assembleia Legislativa projeto de lei que visa a instituir o regime complementar de aposentadoria dos servidores públicos, registrado sob o nº 393/2007, que em muito se assemelha ao conteúdo do projeto que tramita no âmbito da União.

15 da mensagem presidencial de n° 664/2007[18] que encaminhou o projeto de lei ao exame do Poder Legislativo.

Por fim, resta destacar que a administração dos recursos garantidores, provisões e fundos dos planos de benefícios, resultantes das receitas arrecadadas conforme o artigo 10 do projeto de lei, deverá, conforme determina o artigo 15 do projeto de lei, ser realizada mediante a contratação de instituições autorizadas pela Comissão de Valores Mobiliários - CVM para o exercício da administração de carteira de valores mobiliários, observado o disposto no artigo 10 e nos incisos I, III e IV do artigo 13 da Lei Complementar n° 108 de 2001.

Da análise das linhas gerais do projeto de lei de n° 1.992/2007, resulta cristalino que a inovação no trato da previdência dos servidores públicos mais se aproxima a atender princípios e valores que são próprios ao fomento da economia de mercado, rebaixando o nível de solidariedade que até então inspira o sistema.

Em decorrência do novo modelo, a concretização do direito fundamental à previdência social perde em consistência normativa, afastando-se da ética fundada no valor da solidariedade.

Ao contrário, abrem-se as portas à clara possibilidade de privatização de parcela da previdência social do servidor público, o que se viabiliza de modo indireto através dos mecanismos de gestão dos recursos capitalizados por meio de agentes econômicos privados, e, em segundo momento, pode até vir a ser materializado de modo direto através da própria privatização da entidade gestora dos recursos, bastando para tanto que se proceda à emenda constitucional que dê nova redação ao parágrafo 15 do artigo 40 da Constituição Federal, suprimindo a exigência da natureza pública da entidade.

E os propósitos de dito modelo estão bem delineados.

As justificativas apresentadas repousam na recomposição da capacidade do gasto público em programas sociais, no estímulo à retomada do crescimento econômico e na garantia da sustentabilidade da previdência social do servidor, argumento este que sequer é pacífico à luz dos postulados de natureza econômica.[19]

---

[18] Extraído do site da Câmara dos Deputados Federais, disponínel em <http://www.camara.gov.br/sileg/integras/501938.pdf> – acessado em 25/05/2009.

[19] MESA-LAGO, Carmelo. Sistemas Comparados de Pensões Públicas e Privadas: Uma avaliação da experiência latino-americana. In *Direitos Fundamentais e Justiça*, ano 1, n° 1. HS Editora, Porto Alegre, 2007, págs 58/78.

Em verdade, pretende-se alcançar três objetivos reitores da ideologia liberalizante professada pelo Banco Mundial.

O primeiro consistente na redução dos gastos públicos com a previdência social, o que bem se conecta à meta de elevação do superávit primário, destinado a garantir a solvabilidade da dívida pública brasileira.

O segundo como forma de direcionar recursos de poupança previdenciária para o mercado financeiro, contribuindo para a remuneração lucrativa das empresas destinadas à gestão de ativos financeiros.

O terceiro como forma de promover o incremento dos mercados de capitais, permitindo que a entidade gestora dos ativos previdenciários posicione-se como a maior investidora institucional neste mercado, ainda que exposta aos riscos inerentes a tal atividade.

A fim de que se ilustre esta última afirmação, nada melhor que o próprio teor da mensagem presidencial que embasa o projeto de Lei 1.992/2007:

"Para finalizar, vale destacar que a FUNPRESP tende a ser a maior entidade fechada de previdência complementar presente no mercado brasileiro, tanto em quantitativo de participantes como em volume de recursos administrados. *O porte e o elevado potencial de acumulação de recursos deste novo investidor institucional poderá estimular a demanda por ativos no mercado financeiro e de capitais, viabilizando o fortalecimento do mercado secundário de títulos e promovendo maior liquidez, requisito essencial para o desenvolvimento desses mercados"*. (o grifo não consta no original).

1.6. Conclusão

Valores éticos expressam a primeira dimensão normativa do homem, determinando padrões de conduta em seu processo de inserção social. O direito, em perspectiva pós-positivista, encontra seu fundamento não só na regra de validade de sua instituição formal, mas também na legitimidade de seu conteúdo, na proporção direta de quanto mais se aproxime aos valores éticos mínimos aceitos em dada sociedade.

O direito como dimensão normativa do homem qualifica-se em relação à ética na medida em que é dotado de imperatividade que consiste na possibilidade de imposição coercitiva, atributo que falta ao plano da ética.

Em uma sociedade manifestamente plural, coexistem diversas pautas éticas, sobretudo no que concerne à escolha de meios para a promoção de fins. O ambiente democrático deve, pois, viabilizar a escolha de pautas éticas.

Em um estado democrático de direito, os valores têm papel significativo e a ordem constitucional deve estar primeiramente afirmada no valor fonte da dignidade da pessoa humana, pelo o que assume especial relevo a tutela dos direitos fundamentais da pessoa humana como forma de concretização desta missão, na perspectiva de promover os objetivos fundamentais a que se propõe o Estado.

Neste aspecto, a realização do direito fundamental à previdência social deve atender ao fundamento da dignidade da pessoa humana, razão pela qual está intimamente relacionada ao princípio ético da solidariedade.

A carta constitucional vigente, em sua opção original, escolheu como meio à realização deste direito fundamental, no que concerne aos servidores públicos, a instituição de um sistema integralmente público de previdência, de repartição simples e benefício definido, afirmado, pois, no princípio da solidariedade.

Contudo, o processo reformador de inspiração liberal, patrocinado por organismos internacionais que se pautam pelo valor ético da hegemonia do mercado frente aos direitos da pessoa humana, dentre os quais se destaca o Banco Mundial, direciona-se à instituição de um modelo que rebaixa o nível de solidariedade da previdência social do servidor público e o encaminha à privatização.

Sob o pretenso argumento de promover reformas de cunho social, visa, em verdade, a minimizar a realização do direito fundamental em questão, não titubeando em reconhecer a questão previdenciária como o mais grave problema de natureza fiscal do Brasil.

Para tanto, encaminha-se agora a realização de decisivo passo nesta direção, através da instituição de um modelo de previdência complementar de capitalização individual, de contribuição definida e de benefício indefinido que relega os servidores à incerteza de seu futuro, justamente no momento de suas vidas em que mais estarão fragilizados, pela diminuição de sua capacidade produtiva em decorrência da velhice.

O modelo proposto bem atende à realização dos valores que inspiram a ética de mercado, servindo ao fomento dos mercados de capitais e abrindo as portas para a iminente privatização do sistema complementar, cujas consequências já podem ser antevistas pelas experiências chilena e argentina.

No debate sobre a previdência social, é mister que se desmascare o teor terrorista do discurso a fim de que sejam conhecidas todas as vertentes de suas propostas e justificativas. Só assim poderá a sociedade escolher se pretende contar com um modelo calcado na ética da solidariedade ou outro fundado nos valores que são próprios à ética de mercado, levando em consideração qual deles melhor possibilita a realização do bem-estar social.

Nós não temos dúvida de que a primeira solução é a mais adequada. O tempo provará.

2. A responsabilidade ética do Poder Público e a previdência social

LUCIANA PEREIRA DA COSTA

Advogada Previdenciarista. Formada em Direito pela UNISINOS. Formada em Filosofia, Licenciatura e Bacharelado, também pela UNISINOS. Especialista em Direito Previdenciário pela Escola Superior da Magistratura Federal do Estado do Rio Grande do Sul.

MARIA ISABEL PEREIRA DA COSTA

Graduada em Ciência Jurídicas e Sociais pela UNISINOS/RS, onde fez especialização em Direito Civil e Mestrado em Direito Publico. Graduada em Ciências Físicas e Biologia pela UFRGS. Doutoranda em Lisboa, em Direito Público Internacional. Juíza de Direito aposentada. Professora da PUCRS e da Escola Superior da Magistratura. Vice-Diretora da Faculdade de Direito da PUCRS, no período de 2007/2008. Diretora do Departamento Extraordinário de Previdência dos Magistrados e Pensionistas da AJURIS.

Sumário: Introdução. 1.1. Ética na Conduta Humana e nas Relações Humanas; 1.2. O Estado do Bem-Estar Social, a Dignidade Humana e a Previdência Social; 1.2.1. Breve histórico sobre as formas do Estado Moderno; 1.2.2. O Estado Democrático de Direito e os Direitos Fundamentais do Cidadão; 1.2.3. A Previdência e o Estado do Bem-estar Social; Considerações Finais; Referências bibliográficas.

Introdução

O objetivo é demonstrar o dever de conduta ética nas relações humanas, especialmente o dever ético do Estado Democrático de Direito na escolha do Regime de Previdência Social de modo a preservar os direitos fundamentais e a dignidade humana de seus cidadãos.

Para tanto o artigo foi divido em dois capítulos. O primeiro capítulo trata da conduta ética nas relações humanas.

Inicialmente se procurou falar da ética como ciência da conduta destacando-se as concepções em que fundamentalmente é considerada.

A primeira concepção, ética do fim, iniciou-se em Platão e Aristóteles e a segunda, ética do móvel, esteve ausente durante toda a Idade Média e só foi retomada com o Renascimento.

A ética como técnica de conduta à primeira vista parece mais ampla que o direito como técnica de coexistência, mas refletindo-se que toda a espécie ou forma de conduta é uma forma ou espécie de coexistência, ou vice-versa, logo se vê que a distinção dos dois campos é apenas circunstancial, com vista a delimitar problemas particulares ou campos específicos de consideração e estudo.

No segundo capítulo buscou-se a responsabilidade do Estado do Bem-Estar Social para com a previdência social e o respeito à dignidade da pessoa humana. Para tanto o capítulo foi dividido em três subtítulos.

O primeiro subtítulo faz um o pequeno histórico sobre as formas assumidas pelo Estado Moderno para chegar a atual configuração do Estado Brasileiro, onde se pode afirmar que o postulado do Estado de Direito e a cláusula do Estado Social, junto com a proteção da dignidade humana, integram o núcleo da ordem constitucional.

Já no segundo subtítulo procurou-se descrever sobre os direitos fundamentais *como elementos construtores da estrutura básica não só do Estado Democrático de Direito* como, também, da própria Sociedade que se oriente por princípios estruturadores de sua própria concepção de justiça para uma convivência no regime democrático.

Por fim, no último subtítulo inseriu-se a previdência social e a seguridade social como um dos postulados básicos do Estado do Bem-Estar Social, cuja concretização é garantida pelos princípios básicos do Estado de Direito e a sua importância destaca-a como um dos instrumentos encontrados pelo constituinte para dar conserto aos males causados pela falta de trabalho e pelas desigualdades sociais e regionais, frutos da questão social. A Seguridade Social faz parte dos demais instrumentos disciplinados pela Ordem

Social que, prestigiando o trabalho, tem por fim alcançar bem-estar e justiça sociais.

Conclui-se o artigo ressaltando-se o regime previdenciário onde o Poder Público deve atuar com respeito aos princípios constitucionais cumprindo as tarefas que lhe são atribuídas para a efetivação do Estado do Bem-Estar Social.

1.1. Ética na conduta humana e nas relações humanas

Ética, em geral, considerada como ciência da conduta, vem sendo considerada fundamentalmente sob duas diferentes concepções: 1ª a que a considera como ciência do *fim* para o qual a conduta humana deve ser orientada e dos *meios* para atingir tal *fim*, deduzindo tanto o fim quanto os meios da *natureza* do ser humano; 2ª a que a considera como a ciência do *móvel* da conduta humana e procura determinar tal móvel com vistas a dirigir ou disciplinar essa conduta.

Estas duas concepções que se entremesclaram de várias maneiras desde a Antiguidade são, contudo, profundamente diferentes e falam duas línguas diversas. A primeira fala a língua do ideal para o qual o ser humano se dirige por sua natureza, e por consequência, fala da natureza, essência ou substância do ser humano. Já a segunda fala dos motivos ou causas da conduta humana, ou das forças que a determinam, pretendendo ater-se ao conhecimento dos fatos.

A confusão entre os dois pontos de vista diversos ocorreu pelo fato de que ambos costumam apresentarem-se como definições aparentemente idênticas do *bem*. Contudo, a própria noção de bem, em uma analise mais acurada, já demonstra sua ambiguidade, já que bem pode significar ou o que é (pelo fato de que é) ou o que é objeto de desejo, aspiração, etc., estes dois significados correspondem exatamente às duas concepções de Ética acima distintas.

Com efeito, é a característica da concepção 1ª a noção de bem como realidade perfeita ou perfeição real, ao passo que na concepção 2ª encontra-se a noção de bem como objeto de apetição. Na primeira concepção afirma-se que "o bem é a felicidade", considerando que "a felicidade é o fim da conduta humana, dedutível na natureza racional do homem", ao passo que na segunda "o bem é o prazer", ou seja, "o prazer é o móvel habitual e constante da conduta humana".

Como o significado e o alcance das duas asserções são, portanto, completamente diferentes, sempre se deve ter em mente a distinção entre ética do fim e ética do móvel nas discussões sobre ética.

Na primeira concepção, a qual inicia em Platão e Aristóteles, e prossegue com os Estoicos, apesar de serem doutrinas diferentes, em suas formulações internas são idênticas, pois: a) determinam a *natureza* necessária do ser humano, e b) deduzem de tal natureza o *fim* para o qual sua conduta deve orientar-se. A ética medieval se mantém fiel a este esquema, por exemplo, a ética de S. Tomás de Aquino é deduzida do princípio de que "Deus é o fim último do homem", com efeito, este recurso ao arbítrio divino é resultado do reconhecimento da impossibilidade de deduzir da natureza do homem o fim último de sua conduta.

Mais adiante, quando na filosofia contemporânea, a noção de *valor* começou a substituir a de *bem* a antiga alternativa entre Ética do fim e Ética da motivação assumiu nova fórmula.

As doutrinas de Scheler e Hartmann estão entre as que afirmam a necessidade do valor. Scheler elaborou sua Ética material dos valores justamente com o fim de imunizar a ética contra o relativismo a que conduz a Ética material do bem. Segundo Scheler as apetições (aspirações, impulsos e desejos) têm seus *fins* em si mesmas, ou seja, "no sentimento, contemporâneo ou anterior, dos seus componentes axiológicos". Os fins da apetição podem se tornar *propósitos* da vontade quando representados e escolhidos, tornando-se assim um dever-ser real, vale dizer, termos de uma experiência objetiva. Mas os valores são dados anterior e independentemente de tais fins e propósitos, sendo também dadas independentemente de tais fins e propósitos as *preferências* dos valores, isto é, sua hierarquia. Scheler diz: "De fato, podemos sentir os valores, mesmo os morais, na compreensão dos outros, sem que eles se transformem em objeto de aspiração ou sejam imanentes a uma aspiração. De modo semelhante, podemos preferir ou pospor um valor a outro, sem com isso optar entre aspirações voltadas para esses valores."

Em outros termos, o que Scheler quer dizer é que a Ética não se funda na noção de bem nem na de fins imediatamente presentes à aspiração ou em propósitos deliberadamente almejados, mas na *intuição* emotiva, imediata e infalível dos valores e das suas relações hierárquicas, intuição é base de qualquer aspiração, desejo e deliberação voluntária. Hartmann expressou de forma mais didática, clara e eficaz a mesma concepção de ética: "Existe um reino de valores subsistente em si mesmo, um autêntico 'mundo inteligível' que está além da realidade e além da consciência, uma esfera ideal ética, não construída, inventada ou sonhada, mas efetivamente existente e apreensível no fenômeno do sentimento axiológico, subsistindo ao lado da esfera ôntica real e da esfera gnosiológica atual".

Disto conclui-se que o "ser em si" dos valores ressalta que eles não dependem da mesma intuição axiológica em que são dados e, portanto, são necessários e absolutos, o que, como pretendia Hartmann, deveria conter o avanço do "relativismo axiológico de Nietzsche".

Contudo, analisando mais cuidadosamente, o "relativismo axiológico de Nietzsche" tem a mesma estrutura formal, ou seja, a mesma elaboração da ética de Hartmann e, em geral, da Ética tradicional do fim, porque também se funda em uma *hierarquia absoluta* de valores.

Ora, para Scheler e Hartmann, essa hierarquia, assim como os próprios valores, é de todo independente da escolha humana; aliás, toda escolha é pressuposta pela escolha, quer esta se conforme ou não a ela. Esta também é a crença de Nietzsche. Só que, para Nietzsche, essa hierarquia é diferente: é a hierarquia dos valores vitais, dos valores em que se encarna a Vontade de Poder. Assim, daquilo que considerou a *natureza* do ser humano, a vontade de potência, Nietzsche deduziu a tábua de valores morais que deveriam dirigir o ser humano para a realização da vontade de potência num mundo de super-homens.

A estrutura de sua doutrina não é, portanto, diferente da estrutura de muitas outras que, utilizando o mesmo processo, tendem a conservar e justificar as tábuas de valores tradicionais, deduzindo-as da natureza do ser humano ou da estrutura do ser.

Já na 2ª concepção fundamental da ética, que se configura como a doutrina da motivação da conduta, o bem não é definido com base na sua realidade ou perfeição, mas só como objeto da vontade humana ou das regras que a dirigem, nesta concepção procura-se, em primeiro lugar, determinar o *móvel* do ser humano, ou seja, a *norma* a que ele de fato obedece. Disto extrai-se que bem será aquilo a que se tende em virtude deste móvel, que se conforma à norma em que ele se exprime.

Nesta concepção o que se costuma evidenciar é o mecanismo dos móveis que fundam as normas do direito e da moral: para sobreviver, o homem conforma-se a tais regras e não pode agir de outro modo. Em tais formulações, o móvel da conduta humana é o desejo ou a vontade de sobreviver. Em outras formulações do mesmo gênero, esse móvel é o prazer. Esta concepção de ética esteve ausente durante toda a Idade Média e só é retomada com o Renascimento.

Já em Epicuro tinha-se a noção de que: "prazer e dor são as duas afeições que se encontram em todo animal, uma favorável outra contrária, através das quais se julga o que se deve escolher e o que se deve evitar". Telésio reapresenta esta concepção extraindo as normas da ética do desejo de conservação que existe em cada ser.

Hobbes via nesse mesmo princípio o fundamento da moral e do direito: "O principal dos bens é a autoconservação. Com efeito, a natureza proveu a todos a que desejem o próprio bem, mas para que possam ser capazes disso é necessário que desejem a vida, a saúde e a maior segurança possível dessas coisas para o futuro (...)".[20]

Nesta tendência à autoconservação e, em geral, à consecução de tudo o que é útil, Spinoza viu a ação necessitante da Substância divina: "a razão nada exige contra a natureza, mas exige por si mesma, acima de tudo, que cada um ame a si mesmo, que procure aquilo que seja realmente útil para si, que deseje tudo o que conduz o homem à perfeição maior e, de modo absoluto, que cada um se esforce, no que estiver a seu alcance, para conservar o próprio ser".[21]

Locke e Leibniz concordavam quanto ao fundamento da ética. Locke dizia: "Uma vez que Deus estabeleceu um laço entre a virtude e a felicidade pública, tornando a prática da virtude necessária à conservação da sociedade humana e visivelmente vantajosa para todos os que precisam tratar com as pessoas de bem, não é de surpreender que todos não só queiram aprovar essas normas,

---

[20] HOBBES, Tomas. *De Homine*. XI, 6. *apud* ABBAGNANO, Nicola. Dicionário de Filosofia. Trad.: Alfredo Bosi. – 2ª ed. São Paulo: Martins Fontes, 1998, p. 384.

[21] SPINOZA, B. *Ethica ordine geometrico demonstrata*, IV, 18, scol. *apud* ABBAGNANO, Nicola. Dicionário de Filosofia. Trad.: Alfredo Bosi. – 2ª ed. São Paulo: Martins Fontes, 1998, p. 384.

mas também recomendá-las aos outros, já que estão convencidos de que, se as observarem, auferirão vantagens para si mesmos".[22]

Percebe-se então que a ética dos séculos XVII e XVIII tem alto grau de uniformidade: não só ela é uma doutrina do móvel como também a oscilação que apresenta entre "tendência à conservação" e "tendência ao prazer" como base da moral não implica uma diferença radical, já que o próprio prazer não passa de indicador emocional das situações favoráveis à conservação.

Hume foi o primeiro a se dar conta da oposição entre a ética do fim e a ética do móvel, dizendo: "Há uma controvérsia surgida recentemente, que é muito mais digna de exame e que gira em torno dos fundamentos gerais da moral: se eles derivam da *razão* ou do *sentimento*, se chegamos ao conhecimento deles por meio de uma sequência de argumentos e de induções ou por meio de um sentimento imediato e de um sutil sentido interno".[23]

Da mesma época, Hutchinson interpretava o sentido moral como tendência a realizar "a maior felicidade possível do maior número possível de homens",[24] fórmula que viria a ser adotada por Beccaria e por Bentham. Sendo Hume que encontrou a palavra que exprimia esta nova tendência: o fundamento da moral é a *utilidade*. Em outros termos, é boa a ação que proporciona "felicidade e satisfação" à sociedade, e a utilidade agrada porque corresponde a uma necessidade ou tendência natural: a que inclina o ser humano a promover a felicidade dos seus semelhantes.

Disto conclui-se que razão e sentimento constituem igualmente a moral; segundo Hume, a razão nos instrui sobre as diversas direções da ação, a *humanidade* nos faz estabelecer a distinção em favor daquelas que são úteis e benéficas. Para Hume, o sentimento de humanidade, ou seja, a tendência a ter prazer pela felicidade do

---

[22] LOCKE, John. Ensaio sobre o entendimento humano. 5 ed. Tradução de Anoar Aiex. São Paulo. Nova Cultural, 1991 (Os Pensadores) *apud* ABBAGNANO, Nicola. Dicionário de Filosofia. Trad.: Alfredo Bosi. – 2ª ed. São Paulo: Martins Fontes, 1998, p. 384.

[23] HUME. Inquiry Concerning the Principles of Morals, 1752; ed. Green e Grose, 1879; nova ed., 1912, *apud* ABBAGNANO, Nicola. *Dicionário de Filosofia*. Trad. Alfredo Bosi. – 2ª ed. São Paulo: Martins Fontes, 1998, p. 385.

[24] HUTCHINSON, David. Indagação sobre as idéias de beleza e de virtude. 1725, III, 8 *apud* ABBAGNANO, Nicola. Dicionário de Filosofia. Trad.: Alfredo Bosi. – 2ª ed. São Paulo: Martins Fontes, 1998, p. 384.

próximo é o fundamento da moral, o móvel fundamental da conduta humana.

A concepção moral de Kant também se insere nesta segunda concepção, pois: a) Kant julga que o conceito do bem e do mal não deve ser determinado antes da lei moral, mas depois e através dela, b) é justamente com base nos móveis que Kant classifica as diferentes concepções fundamentais do princípio da moralidade, c) Kant considera a lei moral como um fato, porque não pode ser deduzida de dados precedentes da razão, como, por exemplo da consciência da liberdade, mas se impõe por si mesma como um *sic volo, sic iubeo*.

Desse modo, Kant transferiu o móvel da conduta do sentimento para a razão, utilizando o outro lado do dilema proposto pelos moralistas ingleses. Com isso, quis garantir a categoricidade da norma moral, ou seja, o caráter absoluto de comando graças ao qual ela se distingue dos imperativos hipotéticos de técnicas e prudência.

Em vista desta exigência, sem dúvida a ética kantiana compartilha da concepção primeira da ética, pois se percebe a preocupação básica de ancorar a norma de conduta na substância racional do ser humano. Mas deixando de lado esta preocupação absolutista a ética de Kant tem grande afinidade com a ética dos moralistas ingleses do séc. XVIII, não só na formulação fundamental como também nos resultados. Se o *sentimento*, ao qual recorriam os moralistas ingleses, era a tendência à felicidade do próximo, a *razão*, à qual Kant recorre é a exigência de agir segundo princípios que os outros podem adotar. Conquanto esta fórmula possa parecer mais rigorosa e mais abstrata que as empregadas pelos filósofos ingleses, seu significado é o mesmo.

O que ambas posições pretendem sugerir como princípio ou móvel da conduta é o reconhecimento da existência de *outros* seres humanos (ou, nas palavras de Kant, outros seres racionais) e a exigência de se comportar em face deles com base nesse reconhecimento.

O imperativo kantiano de tratar a humanidade, tanto na primeira pessoa quanto na pessoa do próximo, sempre como um fim e nunca como um meio não passa de outra expressão dessa mesma exigência, que os moralistas ingleses chamavam de "sentimento de humanidade".

O século XIX é marcado pelo utilitarismo encabeçado por Bentham, segundo quem os únicos fatos de que se pode partir no domínio moral são os prazeres e as dores. A conduta do ser humano seria determinada pela expectativa de prazer ou de dor, e esse é o único motivo possível de ação. Com estes fundamentos a ciência moral torna-se tão exata quanto a matemática, embora muito mais intrincada e ampla.

Neste contexto quando se fala de consciência, sentido moral, obrigação moral, está-se, em verdade, tratando do *cálculo* dos prazeres e das dores em que repousa o comportamento moral do ser humano, cálculos cujos princípios Bentham quis estabelecer fornecendo a tábua completa dos móveis da ação, que deveria servir de guia para as legislações futuras.

Foi esta a teoria, de Bentham, que inspirou a ação reformadora do liberalismo inglês e ainda hoje seus princípios estão incorporados na doutrina do liberalismo político.

Como bem resume Abbagnano,[25] o utilitarismo de James Mill e de John Stuart Mill não passa de defesa e ilustração das teses fundamentais de Bentham.

O positivismo inspirou-se no mesmo ponto de vista: a realização da moral do altruísmo, cujo arauto é Comte e cujo princípio é: "viver para os outros", também fica por conta de *instintos* simpáticos que, segundo Comte, podem ser gradualmente desenvolvidos pela educação, até que dominem os instintos egoístas.

Na mesma linha a ética biológica de Spencer, que vê na moral a adaptação progressiva do ser humano às suas condições de vida: o que o indivíduo enxerga como dever ou obrigação moral é resultado de experiências repetidas e acumuladas durante gerações, sendo o ensinamento que essas experiências propiciaram ao ser humano nada mais do que tentativas de adaptar-se cada vez mais às suas condições vitais. Veja-se que tal teoria vem fundada no princípio da autoconservação que Telésio e Hobbes reintroduziram no mundo moderno.

Na filosofia contemporânea esta concepção de ética não sofreu mudanças nem apresentou progressos substanciais. Bertrand Russell limitou-se a repropô-la na forma mais simples, afirmando que "a ética não contém afirmações verdadeiras ou falsas, mas consiste

---

[25] ABBAGNANO, Nicola. *Dicionário de Filosofia*. Trad.: Alfredo Bosi. – 2ª ed. São Paulo: Martins Fontes, 1998, p. 386.

em desejos de certa espécie geral".[26] A crítica que se coloca neste caso é que na ética de Russell perdeu-se um dos aspectos fundamentais da ética inglesa tradicional: a exigência do *cálculo* de tipo benthamiano, ou seja, da disciplina na escolha dos desejos, ou melhor, das alternativas possíveis da conduta.

No entanto, foi justamente a esse ponto de vista tão mutilado que se filiou a concepção de ética predominante no positivismo lógico, segundo o qual os juízos éticos expressam tão-somente "os sentimentos de quem fala, sendo, portanto, impossível encontrar um critério para determinar a sua validade".[27]

Ainda falta na ética contemporânea uma teoria geral da moral que corresponda à teoria geral do *direito*, ou seja, uma teoria que considere a moral como técnica de conduta e se dedique a considerar as características desta técnica e as modalidades com que ela se realiza em grupos sociais diferentes.

A ética como técnica de conduta à primeira vista parece mais ampla que o direito como técnica de coexistência, mas refletindo-se que toda a espécie ou forma de conduta é uma forma ou espécie de coexistência, ou vice-versa, logo se vê que a distinção dos dois campos é apenas circunstancial, com vista a delimitar problemas particulares ou campos específicos de consideração e estudo.

Isto considerado tem-se que seja pela primeira concepção – a qual fundamenta o dever ético na felicidade como fim último do ser humano, seja pela segunda concepção – que fundamenta o dever ético na escolha das suas alternativas de conduta, tendo o dever moral de agir segundo princípios ou móveis de conduta que reconheçam a existência de seres racionais, cidadãos – tem-se que concluir que o sujeito Estado criado pelos seres humanos para regulamentar suas relações terá sempre o dever de agir sob os alicerces da ética.

O Estado, sob qualquer das concepções não é um fim em si mesmo, mas sim uma criação para que os seres humanos pudessem viver melhor em sociedade, e sendo assim, a Previdência Social faz parte da segurança jurídica necessária a qualquer pessoa, pois vem socorrê-la justamente nos momentos de risco/necessidade social,

---

[26] RUSSEL, Bretrand. Religion and Science. 1936 *apud* ABBAGNANO, Nicola. *Dicionário de Filosofia*. Trad.: Alfredo Bosi. – 2ª ed. São Paulo: Martins Fontes, 1998, p. 386.

[27] AYER, Language, Truth and Logic, p. 108; cf. STEVENSON, Ethics and Language, p. 20 *apud* ABBAGNANO, Nicola. *Dicionário de Filosofia*. Trad.: Alfredo Bosi. – 2ª ed. São Paulo: Martins Fontes, 1998, p. 386.

momentos de fragilidade (doença, velhice, maternidade, etc.), portanto, o Poder Público representado pelo Estado de Direito é sempre responsável pela Previdência Social

Desse modo, frente a esse imperativo, o Estado de Direito, ao criar, regular e efetivar um sistema de previdência social, não pode negligenciar a proteção à dignidade da pessoa humana, tema que se passa a tratar no próximo capítulo.

1.2. O estado do bem-estar social, a dignidade humana e a previdência social

1.2.1. Breve histórico sobre as formas do Estado Moderno

O chamado Estado Moderno tomou três formas principais: o Estado Liberal, o Estado Social e o Estado Democrático de Direito. O Estado Liberal teve lugar com surgimento do movimento burguês, nos séculos XVIII e XIX; No final do século XIX, começou a ser construído o Estado Social, até os anos 70, quando começou a sofrer a crise.

O Estado Moderno Liberal caracterizou, principalmente, como garantia da proteção do indivíduo contra a limitação da sua liberdade, limitando a intervenção do Estado e acreditando na superioridade da regulação espontânea.

O Estado Social se caracteriza fundamentalmente pela garantia do crescimento econômico e pela proteção social do indivíduo. Sua legitimação foi facilitada pela teoria de Keynes, passando de uma associação ordenativa para uma associação reguladora, Segundo Habermas, é um capitalismo ordenado pelo Estado.

Então, chegou-se ao Estado Democrático de Direito.

Primeiramente se teve o Estado Liberal Democrático, ordenador e protetor da liberdade do indivíduo. Posteriormente, se seguiu o Estado Social Democrático, regulador e protetor do grupo social. Ultimamente, se evoluiu para o Estado Democrático de Direito. Este último incumbido de realizar as promessas da modernidade, a efetivação do Estado do Bem-Estar Social.

A cláusula do Estado Social é um princípio diretor vinculante para os poderes públicos e é considerado como uma prescrição de

ÉTICA E A PREVIDÊNCIA PÚBLICA E PRIVADA

fins do Estado. Inicialmente pareceu uma quimera que nada tinha a ver com a realidade, depois dos primeiros tempos de uma interpretação vacilante, a cláusula do Estado Social desenvolveu uma surpreendente potência. Essa potência vê-se reforçada pela união do social com o postulado do Estado de Direito ou do Estado Constitucional.

Hoje em dia, poucos compartilham a idéia de que o Estado de Direito e o Estado Social não sejam, por natureza, compatíveis. A Constituição liga a ambos mediante a intenção do Estado Social de Direito. Portanto cabe ao Estado de Direito preocupar-se prioritariamente por garantir a liberdade individual, mas que se veja obrigado a executar tal tarefa com o dever adicional de ser social. Porém, tampouco se quer um Estado do Bem-Estar ou Providência com dificuldades para desenvolver-se plenamente por tropeçar nos limites que contenham a proteção da liberdade individual.

Assim, a tarefa social consiste, sobretudo, na garantia da liberdade individual, mas com atenção à situação do indivíduo que, simultaneamente, é considerado um ser social. Não basta somente criar espaços livres à margem do Estado, mas é necessária a possibilidade de garantia de participação na vida política, econômica e cultural, pois é por meio dessa participação que se alcança a autêntica liberdade.

Contudo, a liberação de extrema necessidade está comprometida na garantia da *Dignidade Humana*, estando o postulado do Estado Social como parâmetro de interpretação em relação a essa garantia. E para que esteja garantida a própria dignidade de cada cidadão, o Estado do Bem-Estar deverá dispor dos recursos materiais mínimos. Desse modo, deve-se combater o individualismo egoísta e criar consciência da responsabilidade para com o geral, resultando no esforço pela compensação dos interesses antagônicos e o princípio da solidariedade.

Diante disso, pode-se afirmar que o postulado do Estado de Direito e a cláusula do Estado Social, junto com a proteção da dignidade humana, integram o núcleo da ordem constitucional.

Contudo, a Constituição só pode ser compreendida desde a sua tarefa e função na realização da vida histórico-concreta. Nela estão presente, inevitavelmente, a unidade política e a ordem jurídica. Por ela se dá a unidade política do Estado, pois o Estado e o poder estatal não podem ser pressupostos como algo encontrado.[28]

Considerando que todo o ordenamento jurídico pressupõe a existência de valores mínimos comuns, a Constituição não deve ser axiologicamente neutra, pois cumpre uma função social básica, concebendo-se a si mesma como meio de integração; trata de dirigir e compatibilizar as diferentes escalas de valores dos grupos existentes na sociedade.

A escala de valores da constituição não é uma religião de Estado, mas a expressão de um esforço para fazer possível no ordenamento jurídico, um processo de reconciliação entre correntes oposta de energia social.

1.2.2. O Estado Democrático de Direito e os Direitos Fundamentais do cidadão

Porém esse processo de reconciliação para transformar em acomodações e adaptações as correntes opostas terá relevância se os direitos fundamentais forem admitidos como elementos construtores da estrutura básica não só do Estado Democrático de Direito como, também, da própria Sociedade que se oriente por princípios estruturadores de sua própria concepção de justiça para uma convivência no regime democrático. E, por consequência, elementos constitutivos do núcleo constitucional de qualquer Constituição conformadora de um Estado Democrático de Direito.

Rawls afirma que a estrutura básica da sociedade é o objeto primário da justiça porque as suas consequências são profundas e se fazem presentes desde o início. Essa estrutura abarca diferentes situações sociais e as instituições da sociedade favorecem certas posições iniciais relativamente a outras e nestas desigualdades é que devem ser aplicados os princípios de justiça.[29]

Para Benda a dignidade do homem é o supremo valor reconhecido na Lei Fundamental, e que dos princípios de um Estado de

---

[28] Cf. HESSE, Konrad. *Elementos de direito constitucional da República Federal da Alemanha*. Trad. alemã de Dr. Luís Afonso Heck. 20ª ed. Porto Alegre: Sergio Fabris, 1998, p. 26-28.

[29] RAWLS, John. *Uma teoria de Justiça*. Trad. De Carlos Pinto Correia. Lisboa: Presença, 1993, p. 30, 35, 36 e 69.

Direito Democrático, federal e social, resulta a imagem do homem da Lei Fundamental; uma pessoa soberana não isolada, senão com referência e vinculação à comunidade, a quem sem prejuízo se reconhece um valor próprio e intangível.[30]

A Constituição Brasileira de 1998, no seu art. 1º, inc. III, consagra o princípio do respeito à dignidade da pessoa humana como fundamento do Estado Democrático de Direito. Além da Constituição brasileira, outras Constituições, como a portuguesa, a irlandesa, a alemã, a indiana, a venezuelana, a grega, a chinesa, namíbiana, a colombiana, etc., aludem à dignidade da pessoa humana.[31]

O projeto de revisão total da Constituição da Suíça contém a seguinte afirmação: "A proteção da dignidade humana seria, de algum modo, o ultimo recurso do direito quando a garantia de todos os outros direitos fundamentais se revelasse excepcionalmente ineficaz. Nesse sentido, ela é, ao mesmo tempo, o mais primário e o mais subsidiário de todos os direitos".[32]

Silva, em relação à dignidade da pessoa humana, assegura que:

"é um valor supremo que atrai o conteúdo de todos os direitos fundamentais do homem, desde o direito à vida. ...Daí decorre que ordem econômica há de ter por fim assegurar a todos existência digna (art. 170), a ordem social visará à realização da justiça social (art. 193), a educação, o desenvolvimento da pessoa e seu preparo para o exercício da cidadania (art. 205) etc. não como meros enunciados formais, mas como indicadores do conteúdo normativo eficaz da dignidade da pessoa humana".[33]

A relevância do respeito à dignidade da pessoa humana como direito fundamental é primordial para a busca da justiça social, e para isso é indispensável que se tenha como paradigma o constitu-

---

[30] BENDA, Ernest. El estado social de derecho. In: BENDA, Ernest *et al. Manual de derecho constitucional*. Tradución de Antonio Lopez Pina. Madrid: Marcial Pons, 1996. Trad. De Handbuch des Versfassunsrechts der Bundesrepublik Deutschland.

[31] GOUVEIA, Jorge bacelar. *Os direitos fundamentais atípicos*. Lisboa: Aequitas e Notícias, 1995, p. 175-176.

[32] MIRANDA, Jorge. *Manual de direito constitucional*. Tomo IV – Direitos Fundamentais. 2ª ed. Reimp. Coimbra, 1998, p. 166.

[33] SILVA, José Afonso da. *Curso de Direito Constitucional positivo*. 15ª ed. Ver. Atual. São Paulo: Malheiros, 1998, p. 108, 109, 187.

cionalismo alicerçado no conteúdo dos direitos fundamentais, e estes como elementos constitutivos das estruturas básicas do Estado, *onde a pessoa humana e a sua dignidade constituam-se no núcleo de uma teria de justiça e* o Direito seja considerado como um instrumento de ordenação racional indissociável da realização da justiça e a Constituição como fundamento para o limite do Poder pelo Direito.[34]

O pressuposto do qual se parte para desenvolver o presente argumento é o de que só é possível falar em direitos fundamentais num estado democrático, porque regimes totalitários, qualquer que seja sua ideologia, não têm o indivíduo e seus direitos como valores fundamentais.

Daí, que, como bem sintetizado por SANTOS,[35] direitos e garantias fundamentais só são compatíveis com regimes democráticos, nos quais a *pessoa* tem sua relevância diante do poder estatal, e contra ele tem direitos subjetivos e garantias a exercitar. E prossegue seu magistério:

É somente num Estado de direito que o homem tem direitos individuais, econômicos, políticos e sociais, concretizados em prestações positivas ou abstenções do Estado, exigíveis por meio das garantias que a própria Constituição e as leis lhe conferem. Porque somente no Estado de direito existe a relação do indivíduo com o poder, que emana do povo e se exerce em seu nome, como quer o parágrafo único do art. 1º da nossa Constituição Federal de 1988.[36]

O art. 1º, III, da Constituição elevou a dignidade da pessoa humana a *fundamento* do Estado Democrático de Direito, e em seu Título II enumerou os direitos e garantias fundamentais, semelhante ao que ocorreu na Constituição Portuguesa, similaridade que avaliza a aplicação da lição de Canotilho,[37] para quem o homem como *pessoa,* como *cidadão,* como *trabalhador* e como *administrado* é a *base antropológica estruturante do Estado de Direito* .

Inobstante se tome a Constituição por material ou formal, os direitos fundamentais serão sempre tomados em sentido material,

---

[34] COSTA, Maria Isabel Pereira da. *Jurisdição constitucional no estado democrático de direito.* Porto Alegre: Síntese, 2003, p. 24.

[35] SANTOS, Marisa Ferreira dos. *O princípio da Seletividade das Prestações de Seguridade Social.* São Paulo: LTr., 2003, p.19.

[36] Id., ibid., p. 19 e 20

[37] CANOTILHO, J. J. Gomes. *Direito Constitucional,* 6ª ed. Coimbra: Livraria Almedina, 1995, p. 362-363 .

estejam ou não formalmente previstos expressamente, pois há um estatuto fundamental do indivíduo que decorre de sua essência, da sua condição de ser humano, que restaria desnaturada se, por exemplo, sua vida não merecesse a proteção do Estado.

Sobre isto vale transcrever a lição de Miranda:[38]

"Admitir que os direitos fundamentais fossem em cada ordenamento aqueles direitos que a sua Constituição, expressão de certo e determinado regime político, como tais definisse seria o mesmo que admitir a não consagração, a consagração insuficiente ou a violação reiterada de direitos como o direito à vida, a liberdade de crenças ou a participação na vida pública só porque de menor importância ou desprezíveis para um qualquer regime político; e a experiência, tanto da Europa dos anos 30 a 80 deste século doutros continentes, aí estaria a mostrar os perigos advenientes dessa maneira de ver as coisas. (...)"

Ora, sendo assim, só muito difícil, senão impossivelmente, poderá julgar-se que tal concepção, tal ideia ou sentimento não assente num mínimo de respeito pela dignidade do homem concreto. O que significa que, ao cabo e ao resto, poderá encontrar-se, na generalidade dos casos, com maior ou menor autenticidade, a proclamação de direitos postulados pelo Direito natural – para quem o acolha – e de vocação comum a todos os povos.

De qualquer forma, quando, porém, tal concepção, tal ideia ou sentimento se traduza numa Constituição material pouco favorável ao direito das pessoas, compressora deles ou negadora de direitos que, noutras partes do mundo, ou que, à luz de uma consciência universal, deveriam ser reconhecidos, o que está em causa não é o elenco dos direitos fundamentais em si; o que está em causa é a deficiência dessa Constituição material em confronto com outras, o caráter do regime político correspondente, a situação de opressão ou alienação em que viva certo povo.

Temos então que a característica primordial dos direitos fundamentais é a *universalidade*, pois o titular desses direitos subjetivos é o ser humano.

Tal afirmação apenas foi possível após evolução histórica marcada por lutas e conquistas, passando pela Idade Média, na qual o

---

[38] MIRANDA, Jorge. *Manual de Direito Constitucional*, tomo IV. 3ª ed. Coimbra: Coimbra Editora, 2000, p. 9-11.

indivíduo só tinha direitos na medida em que integrasse uma corporação, uma classe, uma instituição; pelos Estados Absolutistas, nos quais todos os indivíduos eram submetidos ao poder do monarca.

A indignação contra os arbítrios foi a pólvora propulsora para a luta pela conquista dos direitos fundamentais, advindo a Revolução Francesa que trouxe a *Declaração dos Direitos do Homem e do Cidadão* em 1789 – cujo traço a salientar está no fato de ter sido o primeiro documento a tratar os direitos fundamentais com características universais, pois se dirigiam ao gênero humano.

Foi, então, com o surgimento dos direitos sociais que a universalidade passou a ser o traço dominante dos direitos fundamentais. Com a emergência do chamado Estado Social é que se desvincularam os direitos fundamentais da condição que o indivíduo ostentasse no grupo social.

Após as duas grandes guerras, e a devastação trazida, é que se passou a dar atenção para a miséria que atingiu milhares de pessoas. O desemprego, a doença e a existência de diversas necessidades materiais faziam perceber que as pessoas precisavam de outras garantias, além da liberdade, para viver em sociedade, que eram necessárias condições econômicas básicas que propiciassem desenvolvimento pleno, até mesmo nos aspectos cultural e espiritual.

Esta tendência evoluiu para o reconhecimento internacional, nas mais diversas Constituições, culminando com a Declaração Universal dos Direitos do Homem, aprovada em 10 de dezembro de 1948. A garantia dos direitos fundamentais está, portanto, sempre associada ao Estado Democrático de Direito.

Restou reconhecido, após toda esta evolução, que a dignidade da pessoa humana só existe se for garantida não só a liberdade individual, como também lhe for propiciado o acesso à educação, à cultura, ao trabalho e à seguridade social.

Como bem sintetizado por Santos:[39]

> "Só tem dignidade o homem amparado nas suas necessidades vitais, na qual se incluem o trabalho, a saúde, *a previdência social* (o grifo é nosso), o salário justo, a proteção em caso de doença, desemprego, invalidez, velhice, viuvez, podendo acrescentar

---

[39] SANTOS, Marisa Ferreira dos. *O princípio da Seletividade das Prestações de Seguridade Social.* São Paulo: LTr., 2003, p. 32.

a educação, a cultura, o lazer, e tudo o mais que propicie o seu desenvolvimento intelectual".

Pode-se concluir que, sendo a previdência social uma necessidade básica do cidadão e, portanto, um dos componentes da dignidade humana, não havendo garantia por parte do Estado quanto ao suprimento efetivo dessa necessidade, não estará o Estado a garantir o cidadão na preservação de sua dignidade e, agindo assim não estará cumprindo o seu dever ético na sua função de garantir o bem comum.

1.2.3. A Previdência e o Estado do Bem-Estar Social

A Ordem Social, disciplinada no Título VIII da Constituição Federal brasileira, tem por base o *primado do trabalho* e busca o *bem-estar* e *justiça sociais*. Dentro do sistema da Ordem Social há subsistemas: seguridade social, educação, cultura e desporto, ciência e tecnologia, comunicação social, meio ambiente, família, criança, adolescente e idoso e a proteção dos índios.

Sendo, portanto, todos estes itens regidos pelo princípio da Ordem Social: *primado do trabalho,* seus objetivos não podem se distanciar do *bem-estar* e da *justiça social.*

Oportuno salientar que a Ordem Social, elegendo tais valores como base e objetivos, põe-se em conformidade com os fundamentos do Estado Democrático de Direito, notadamente a dignidade da pessoa humana, e os objetivos fundamentais da República, quais sejam, construir uma sociedade livre, justa e solidária, garantir o desenvolvimento nacional, erradicar a pobreza e a marginalização e reduzir as desigualdades sociais e regionais, além de promover o bem de todos, tudo na conformidade dos arts. 1º e 3º da Constituição Federal.

Valores que também estão previstos no art. 6º da Constituição Federal, no qual são enumerados *direitos sociais*: educação, saúde, trabalho, lazer, segurança, previdência social, proteção à maternidade e à infância, assistência aos desamparados.

Todos estes direitos sociais vêm conferir ao indivíduo um direito subjetivo de exigir do Estado prestações diretas e indiretas que o beneficiem. É por meio do exercício dos direitos sociais que se chega à igualdade, substrato dos direitos de segunda geração, e, consequentemente, reduzem-se as desigualdades e atinge-se a justiça social.

O extenso rol de direitos e garantias fundamentais, no qual estão inseridos os direitos sociais, resulta, como bem assinalado por Santos, da preocupação do constituinte em impedir a repetição da história recente do Brasil, em que esses direitos eram ignorados pelo regime militar. Sendo a primeira Constituição posterior ao regime ditatorial, é de se compreender a preocupação do constituinte de 1988.[40]

Outro aspecto a ser notado é a separação da Ordem Social da Ordem Econômica, a fim de dar efetividade às normas constitucionais garantidoras dos direitos sociais, com o que se percebe o reconhecimento, pela Constituição, de que a questão social, palco dos problemas que levaram à luta pelos direitos sociais, merecia a atenção do legislador.

O magistério de Balera[41] deve ser ressaltado neste ponto quando refere:

Estamos diante de uma Constituição social que, no desenvolvimento histórico das Constituições, se encaixa na etapa que a doutrina denomina de *Constitucionalismo social*.

O que podemos sentir, como dado característico dessa etapa de desenvolvimento histórico do constitucionalismo, é, justamente, a existência de uma luta em prol da implantação de um *Estado de Direito Social*, entendendo-se com esta locução que o Estado se acha submetido a uma legislação social, que atua como *garante* da unidade política expressa na Magna Carta..

No dizer de Canotilho,[42] que dá seus ensinamentos com base na Constituição portuguesa, que valem também para a nossa Carta Magna, o conceito de 'constituição social' refere-se ao amplo catálogo de direitos sociais que a constituição social contém, que leva a uma democracia econômica social, dando direitos sociais a todos os cidadãos, e pressupondo um tratamento preferencial para pessoas que não podem desfrutar desses direitos em razão de condições fí-

---

[40] SANTOS, Marisa Ferreira dos. *O princípio da Seletividade das Prestações de Seguridade Social.* São Paulo: LTr., 2003, p. 61.

[41] BALERA, Wagner. O valor social do Trabalho, *in Revista LTr* 58-10/1170.

[42] CANOTILHO, J. J. Gomes. *Direito Constitucional.* 6ª ed. Coimbra: Livraria Almedina, 1995, PP. 476-477.

sicas, econômicas ou sociais. E aponta que a democracia econômica e social, no que se refere aos direitos sociais, faz surgir uma tendencial igualdade dos cidadãos no que se refere às prestações a cargo do Estado. Essa é a dimensão subjetiva do princípio da democracia social.

E neste contexto, a importância da Seguridade Social como um dos instrumentos encontrados pelo constituinte para dar conserto aos males causados pela falta de trabalho e pelas desigualdades sociais e regionais, frutos da questão social. A Seguridade Social faz parte dos demais instrumentos disciplinados pela Ordem Social que, prestigiando o trabalho, têm por fim alcançar bem-estar e justiça sociais.

A Seguridade é, portanto, um instrumento do bem-estar, pois garante os *mínimos* necessários à subsistência do indivíduo e, com isso, reduz as desigualdades resultantes da falta de ingressos financeiros, o que conduz a *justiça social*.

A Seguridade Social, conforme o art. 194 da Constituição vigente, compreende um conjunto integrado de ações de iniciativa dos Poderes Públicos e da sociedade, destinadas a assegurar os direitos relativos à saúde, à previdência e à assistência social.

Ou seja, faltando trabalho, em razão de desemprego ou impossibilidade de trabalhar por doença, invalidez ou qualquer outra causa, deixa o indivíduo de ter condições de prover o seu sustento e o de sua família, o que obriga o Estado a vir em seu socorro, por meio da seguridade. Se for segurado da previdência social receberá o beneficio correspondente à *contingência-necessidade* que lhe atingiu. Poderá contar também com assistência à saúde. Se não for filiado a nenhum regime de previdência, e preencher as condições legais, terá direito a benefícios e serviços de assistência social.

Percebe-se que a previdência protege mediante o pagamento de contribuições, enquanto que a saúde e a assistência social decorrem simplesmente do direito subjetivo dos cidadãos.

A seguridade atinge, portanto, em nosso país, a totalidade da população, com o que se aplica o princípio da *universalidade*.

A renda mensal dos benefícios tem valores economicamente baixos porque se destina à garantia dos mínimos vitais, considerando que os benefícios se relacionam com as consequências que geram as necessidades protegidas, e estas têm cobertura apenas naquele montante econômico destinado a preservar a parte de bem-estar e justiça sociais que cabe à seguridade prover.

A garantia de recursos que garantam os mínimos vitais está estampada no art. 201, § 4º, da Constituição, que assegura a preservação do valor real dos benefícios, isto é, do seu poder de compra, mediante reajustes periódicos, bem como na garantia de que os benefícios que substituam o salário-de-contribuição ou rendimento do trabalho do segurado não possam ser inferiores ao salário mínimo.

Além disto deve ser observada a equidade na forma de participação do custeio, significando dizer que cada contribuinte deve participar na medida de suas possibilidades – assim, quem pode mais contribui com mais; quem pode menos contribui com menos.

Segundo Fortes, "O princípio da solidariedade, no campo da previdência, significa participação social e intergeracional do ônus financeiro de sustento do sistema. Assim, incumbe a toda a sociedade financiar a previdência social (e, antes, a própria Seguridade Social)".[43]

Custeio, aliás, que deve ser suportado por toda a sociedade, devendo haver diversidade da base de financiamento, considerando que as ações realizadas pela seguridade social vêm beneficiar toda a sociedade.

E, garantindo o caráter democrático e descentralizado da administração da referida seguridade, deve ser respeitada a gestão quadripartite, com a participação dos trabalhadores, dos empregadores, dos aposentados e do Governo nos órgãos colegiados.

A previdência pública quando foi instituída foram previstas três fontes para o seu custeio, ou seja, a dos empregados, a dos empregadores e a do erário público. Hoje tem quatro fontes, pois a partir da Emenda 20/98 os aposentados e pensionistas foram instados a contribuir para a previdência.

Quanto à fonte dos empregados, dos aposentados e pensionistas que, religiosa, automática e compulsoriamente, tem o desconto feito em sua folha de pagamento, costuma-se dizer que incumbe aos segurados do regime, que se encontram em atividade hoje, verter contribuições para assegurar o pagamento dos benefícios daqueles

---

[43] FORTES, Simone Barbisan et al. Direito da seguridade social: prestações e custeio da previdência, assistência e saúde. Porto Alegre: Livraria do Advogado. Ed. 2005, p. 48.

que trabalharam na geração passada e que, no futuro seus próprios benefícios serão custeados pela próxima geração.

Contudo, com base nessa assertiva, não se pode permitir que o governo e os funcionários da previdência tratem os beneficiários de hoje (aposentados e pensionistas) como se fossem mendigos vivendo à custa dos trabalhadores atuais.

É comum ouvir-se os governantes afirmar que há um "rombo" no orçamento da previdência porque o número de inativos cresce assustadoramente e que as contribuições dos trabalhadores da ativa se mostram insuficientes para sustentar o sistema. Quando se faz essa afirmativa é passada para a opinião pública a impressão de que os beneficiários atuais (aposentados e pensionistas, etc.) são fardos indesejáveis que "os pobres" contribuintes e o governo têm que carregar nas costas.

Talvez influenciados por essa falsa impressão, que o governo usa para distrair a opinião pública e desviá-la da sua deficiência tanto de gestão como de responsabilidade ética para com o fundo financeiro do sistema (evasões, isenções, sonegações que permite), a mídia, os servidores e médicos da previdência, com exceções, tratem os segurados como meros "pedidores" de favor, quando estes reivindicam ou se dirigem às agencias previdenciárias para buscarem seus direitos.

Por isso é preciso que se diga claramente e em alto e bom som que os beneficiários pagaram a contraprestação de seu benefício, que não são fardos nem para o poder público, nem para os trabalhadores da ativa e que não podem ser usados por ninguém para ilustrar discursos que visem justificar qualquer atentado contra o direito sagrado de manterem uma vida digna, resultado de seu trabalho e da sua contribuição quando na juventude e/ou na saúde foram solidários para com o sistema.

Quanto à fonte dos empregadores, que nem todos e nem sempre são tão eficientes no pagamento para a previdência do quinhão que lhes cabe e, como se não bastasse, não raras vezes estes são perdoados pelo poder público do pagamento de suas dívidas previdenciárias, pode-se dizer que é um dos pilares que sustenta o sistema previdenciário juntamente com os empregados. Já a terceira fonte de custeio, o erário público que, como é notório, jamais cumpriu com a sua parte e, por essa razão, o mecanismo previdenciário teve que funcionar com apenas dois terços, no máximo de sua arrecadação prevista.

Além disso, contando com as isenções, evasões e sonegações (todas da responsabilidade do Poder Público), provocam-se rombos incalculáveis nos cofres da previdência. O poder público em todas as esferas utiliza-se dos recursos da previdência para empreendimentos que não guardam nenhuma relação com a sua finalidade específica. Mas mesmo sob essas condições o sistema teve capacidade para superar essas adversidades.

Weindorfer demonstra matematicamente, em artigo que compõe esta coletânea, que o Regime de Previdência Próprio do Estado do Rio Grande do Sul é superavitário e atuarialmente sustentável.

Desse modo não se pode dizer que a crise é do modelo, na verdade, como assegura o Des. Fabrício,

"o problema não está no modelo, mas na gestão desonesta e temerária. Restaria indagar, então, se essa seria uma peculiaridade da gestão pública, uma espécie de maldição que pairasse sobre a atividade governamental e que a privatização pudesse exorcizar. Ora, a observação do que tem ocorrido ao longo do tempo, e continua a ocorrer. De modo algum autoriza semelhante suposição. A experiência que temos com as instituições de previdência privada é positivamente desastrosa, bastando lembrar o número infindável dos empreendimentos falidos e amaríssima experiência dos incautos que contribuíram para a obtenção, como benefício, de uma remuneração de coronel e a viram reduzir-se a menos do que o soldo de um recruta, e finalmente ao zero absoluto".[44]

Assim, não sendo a crise do modelo em que se instalou o nosso sistema previdenciário, a correção de suas deficiências deverá ser feita cumprindo-se com as obrigações atribuídas a cada um dos responsáveis por sua sustentação e não mudando o modelo para fugir das responsabilidades, como pretende o poder público ao insistir em substituir o regime próprio vinculado ao poder público pelo regime previdência complementar privatizada.

---

[44] FABRÍCIO, Adroaldo Furtado. Previdência o modelo e a gestão. In: Adroaldo *et al. Previdência ou Imprevidência*. Org. Maria Isabel Pereira da Costa. 2ª ed. Porto Alegre: Livraria do Advogado, 2003, p. 39.

Se o poder público, pelo dever que lhe é imposto pela Constituição Federal, constituição esta de um Estado Democrático de Direito, onde o cidadão *e a sua dignidade constituam-se no núcleo de uma teria de justiça*, que alicerça os direitos fundamentais como conteúdo das estruturas básicas do Estado, como se disse acima, deixa a desejar ao não cumprir com todas as suas obrigações para com o sistema, o que se pode esperar do poder econômico, cujo princípio básico é o lucro?

E aqui não se está preconizando nenhuma ojeriza à forma como o poder econômico gere as suas atividades, nem se está afirmando que o lucro seja um pecado para as atividades econômicas. Pelo contrário, se sabe que estas sem o lucro seriam inviáveis e que as relações econômicas são fundamentais para o desenvolvimento de qualquer grupo social. O que se está querendo dizer é que mesmo no sistema capitalista, principalmente em um país como o nosso formado por desigualdades e injustiças sociais, nem tudo pode ser privatizado. A pessoa humana e a sua dignidade não podem ser jogadas à ganância do mercado financeiro.

E o mais impressionante é que os exemplos, que a todo o momento estão surgindo, lamentavelmente, não estão servindo de alerta para alguns governantes, como é o caso do Rio Grande do Sul, onde a governadora Yeda Crusius, na contramão da história, a todo o custo quer suprimir o regime próprio de previdência dos servidores públicos para implementar o regime de previdência privada complementar, atendendo exigência do Banco Mundial para obtenção de empréstimo financeiro.

O instrumento do qual o governo do Estado está se servindo para privatizar a previdência é o PL 393. Onde, segundo o referido projeto de lei, uma parte dos benefícios ora pagos pelo poder público seria transferida para os grandes grupos financeiros privados no que respeita aos novos servidores públicos.

Para favorecer o sistema de privatização e despertar o interesse dos empreendedores o Estado deixaria de arrecadar com isso 11% sobre a remuneração de cada servidor no valor que exceder ao teto (R$ 3.038,00) e, como se não bastasse, daria um percentual de 7,5%, verbas retiradas dos cofres públicos para os fundos de pensão, totalizando 18,5% o desembolso do poder público. Porém, como já se viu nos exemplos de outros Estados (Chile, Argentina, Estados Unidos, etc.), como também no nosso anterior sistema de Montepios já falidos, os prejuízos para os cofres públicos não pararão por aí, pois terão que socorrer o segurado quando as empresas desfalcarem os fundos do sistema para viabilizarem seus lucros irrefreáveis. Enfim, esse desembolso inicial de 18,5% representa só uma parte dos prejuízos que a privatização do sistema trará ao Estado e aos seus cidadãos que pagam os altos impostos, vorazmente arrecadados pelo poder público.

Isto significa que o cidadão está sendo rifado, como moeda de barganha, a custa de sua dignidade, para que os governantes disponham de recursos financeiros.

Contudo esquecem-se os nossos políticos de que os impostos arrecadados em nosso país são dos mais altos do mundo e a todo o momento se cria um imposto novo, como é o caso agora da tributação sobre a caderneta de poupança, mais uma manifestação da voracidade do governo, em todos os níveis, de sugar pela via do imposto as últimas gotas do suor vertidas pelos trabalhadores e empreendedores que labutam na geração das riquezas.

Não permitissem os governantes tantos desperdícios do dinheiro público na corrupção, entre outros desvios, os projetos dos governos poderiam ser custeados, com sobras, sem precisar vender a dignidade dos governados no mercado financeiro, como é o caso da privatização da previdência social.

Não bastaram os exemplos do Chile, da Argentina, esta, prudentemente, está retornando ao caminho do respeito aos seus cidadãos ao deixar de implementar a previdência privada ao perceber que os prejuízos não só atingiriam os segurados da previdência, como também atingiriam os cofres públicos, quando os conglomerados financeiros deixarem de pagar os benefícios, depois que seus cofres estiverem abarrotados com a arrecadação da contribuição dos segurados e jogarem para o poder público a responsabilidade de minimizar a miséria a que ficarão sujeitas às pessoas que foram coagidas a entregar a sua contribuição para grupos econômicos descomprometidos com os princípios do Estado Democrático de Direito.

É pública e notória a situação em que se encontram os segurados da previdência privada nos Estados Unidos da América, na atual crise que o mundo está enfrentando, em face da irresponsabilidade dos grupos financeiros detentores dos fundos de aposentadoria que jogaram a segurança dos beneficiários nas aplicações financeiras, onde o único "deus" é o lucro.

A título de ilustração, ou melhor, de deslustração do sistema de privatização da previdência dos servidores públicos, vale lembrar que fiscalização através de auditorias sobre os fundos de pensão de qualquer natureza é imprescindível para evitar as negociatas que geram diferenças negativas contra os regimes de previdência sejam eles públicos ou privados, próprios, gerais, complementares, de capitalização ou solidários, assistencial, etc., em favor dos administradores de tais fundos quando estes quebram e o bolo arrecadado desaparece.

Sabe-se que o poder público apresenta um grande déficit no quesito fiscalização de qualquer espécie, então, se entregar a previdência dos servidores nas mãos do grande mercado financeiro globalizado, aí sim é que perderá o poder de controle sobre o sistema previdenciário e a segurança dos seus servidores estará irremediavelmente perdida.

Assim o servidor que já vem perdendo em remuneração, que sequer tem um Fundo de Garantia por tempo de serviço (FGTS), se perder as contribuições que fez ao longo de sua vida para os especuladores de plantão no mercado financeiro, com certeza ficará desestimulado para o exercício de uma função pública e o Estado ficará fadado a cooptar para o serviço público pessoas que não conseguiram um lugar na atividade privada e, como consequência, atrairá à máquina pública os menos competentes e mais uma vez o cidadão pagador dos altos impostos sairá prejudicado pelo mau desempenho do Estado.

Assim, parece evidente que o regime próprio de previdência estruturado e regulado sob a responsabilidade do próprio Estado de Direito Democrático, submetido aos princípios constitucionais, têm maior garantia de que tantos os prejuízos para o cidadão como para os servidores públicos possam ser evitados, até mesmo porque o administrador público periodicamente deve ser fiscalizado pelo eleitor no momento do voto para delegar-lhe ou não o poder de continuar administrando a coisa pública. Não convém esquecer-se disso.

Desse modo, a previdência dos servidores vai muito além de ser apenas econômica para ser barganhada entre o poder público e os grandes conglomerados financeiros globalizados. É uma questão de estrutura do Estado. Acabar com a garantia do servidor de ter uma aposentadoria digna e certa, depois de tantos anos de contribuição, além de ser uma injustiça social que destrói a dignidade do servidor, ainda é o fim da garantia do bom funcionamento do Estado.

O Estado que se institui sob a égide de uma constituição que estabelece direitos fundamentais como princípios norteadores da atuação do próprio Estado tem o dever ético de preservar a sua estrutura e funcionamento de modo a atender aos cidadãos nas suas necessidades básicas, não podendo terceirizar funções que representam a garantia da própria dignidade, o mais fundamental dentre os direitos fundamentais.

Portanto, manter o regime próprio de previdência dos servidores, mediante rigorosa fiscalização dos fundos financeiros desse regime, é um dever de responsabilidade ética do Estado que não pode ser vendido ao mercado financeiro, sob pena de o Estado do Bem-estar Social descumprir a sua finalidade para a qual foi instituído pelo cidadão que é prover o bem comum e não se desviar para viabilizar o lucro fácil e desmedido de alguns em detrimento da dignidade de todos.

Considerações finais

Iniciamos o presente artigo questionando sobre o conceito de ética. Para tanto trouxemos o pensamento de alguns filósofos que ao longo da história discorreram sobre o tema.

Percebemos que o estudo da ética como ciência da conduta é entendida fundamentalmente por duas concepções inicialmente distintas. A primeira remonta a Platão e Aristóteles e se caracteriza como a ética do fim, sempre tendo como argumento fundamental um ideal para o qual o ser humano se dirige por sua natureza e por consequência, fala da natureza, essência ou substância do ser humano. Já na segunda concepção, ética do móvel, fala-se dos motivos ou causas da conduta humana, ou das forças que a determinam, pretendendo ater-se ao conhecimento dos fatos.

Após discorrermos sobre cada uma das concepções e sobre os filósofos que se filiam a cada uma, percebemos também que em ambas o princípio ou móvel da conduta é o reconhecimento da existência de *outros* seres humanos e a exigência de comportar-se em face deles com base nesse reconhecimento.

Isto considerado, tem-se que seja pela primeira concepção – a qual fundamenta o dever ético na felicidade como fim último do ser humano, seja pela segunda concepção – que fundamenta o dever ético na escolha das suas alternativas de conduta, tendo o dever moral de agir segundo princípios ou móveis de conduta que reconheçam a existência de seres racionais, cidadãos – tem-se que concluir que o sujeito Estado, criado pelos seres humanos para regulamentar suas relações, terá sempre o dever de agir sob os alicerces da ética.

O Estado, sob qualquer das concepções existentes não é um fim em si mesmo, mas sim uma criação para que os seres humanos pudessem viver melhor em sociedade. Desse modo, a conduta ética exigível do Estado de Direito é que esteja preocupado com o Bem-Estar Social, e isto com status de princípio diretor vinculante para os poderes públicos devendo ser considerado como uma prescrição de fins do Estado. Essa potência vê-se reforçada pela união do social com o postulado do Estado de Direito ou do Estado Constitucional.

O provimento do bem comum é a tarefa social do Estado e consiste não só na garantia da liberdade individual, mas com atenção à situação do indivíduo que, simultaneamente, é considerado um ser social. Não basta somente criar espaços livres à margem do Estado, mas é necessária a possibilidade de garantia de participação na vida política, econômica e cultural, pois é por meio dessa participação que se alcança a autêntica liberdade.

Contudo, a participação na vida política, econômica e cultural está comprometida na garantia da *dignidade humana*, estando o postulado do Estado Social como parâmetro de interpretação em relação a essa garantia. Desse modo, deve-se combater o individualismo egoísta e criar consciência da responsabilidade para com o geral, resultando no esforço pela compensação dos interesses antagônicos e o princípio da solidariedade.

Ciente da necessidade de criar a consciência solidaria é que a Constituição Federal trouxe expressa no Capítulo "A Ordem Social", disciplinada no Título VIII da Constituição Federal brasileira, que a nossa sociedade deve ter por base o *primado do trabalho* e a busca pelo *bem-estar* e *justiça sociais*. Dentro do sistema da Ordem Social há subsistemas: *seguridade social*, educação, cultura e desporto, ciência e tecnologia, comunicação social, meio-ambiente, família, criança, adolescente e idoso e a proteção dos índios.

A Seguridade é, portanto, um instrumento do bem-estar, pois garante os *mínimos* necessários à subsistência do indivíduo e, com isso, reduz as desigualdades resultantes da falta de ingressos financeiros, o que conduz a *justiça social*.

A Seguridade Social, conforme o art. 194 da Constituição vigente, compreende um conjunto integrado de ações de iniciativa dos Poderes Públicos e da sociedade, destinadas a assegurar os direitos relativos à saúde, *à previdência* e à assistência social.

Neste contexto, a Previdência Social faz parte da segurança jurídica necessária a qualquer pessoa, pois vem socorrê-la justamente nos momentos de risco/necessidade social, momentos de fragilidade (doença, velhice, maternidade, etc.). Ora, instituição de tamanha relevância para a sociedade só pode estar sob os olhos e cuidados desta mesma sociedade como um todo, portanto, o Poder Público representado pelo Estado de Direito é sempre responsável pela Previdência Social.

Aliás, a responsabilidade do Estado do Bem-Estar Social não se resume na escolha do Regime de Previdência, vai além. O Estado tem o dever de criar, regular, fiscalizar e aplicar efetivamente um regime previdenciário que garanta aos seus cidadãos, nos momentos de adversidades, o seu direito fundamental a uma vida digna, em face da obrigação política do Estado, constitucionalmente estabelecida, de provimento do bem comum.

Contudo, é sabido que o dever ser nem sempre vem acompanhado pelo que é efetivamente, sendo sabido que o Poder Público, em todas as esferas, utiliza-se dos recursos da previdência para empreendimentos que não guardam nenhuma relação com a sua finalidade específica. Mas mesmo sob essas condições o sistema teve capacidade para superar essas adversidades.

Nota-se, então, que não é o modelo que está em crise quando falamos em sistema previdenciário, mas sim a falta de compromisso no cumprimento das obrigações atribuídas a cada um dos responsáveis por sua sustentação é que vem causando a impressão de crise no sistema previdenciário.

Mascaram-se os verdadeiros culpados, coloca-se para a mídia a culpa no modelo, ou seja, em ninguém específico, e com isto pretende-se lucrar ainda mais, ao "vender" o sistema previdenciário para o setor privado e transformar a previdência pública em mera assistência social.

Neste momento é importante lembrar a relevância do respeito à dignidade da pessoa humana como direito fundamental e primordial para a busca da justiça social, e para isso, como dito acima, é indispensável que se tenha como paradigma o constitucionalismo alicerçado no conteúdo dos direitos fundamentais, e estes como elementos constitutivos das estruturas básicas do Estado, onde a pessoa humana e a sua dignidade constituam-se no núcleo de uma teoria de justiça e o Direito seja considerado como um instrumento de ordenação racional indissociável da realização da justiça e a Constituição como fundamento para o limite do Poder pelo Direito.

Desse modo, frente a esse imperativo, e ao seu dever ético de conduta, o Estado de Direito, ao criar, regular e efetivar um sistema de Previdência Social, não pode negligenciar a proteção à dignidade da pessoa humana. Ao terceirizar a sua responsabilidade para o mercado financeiro, transferindo a previdência dos servidores à ganância do lucro, vai muito além de ser transferido apenas um valor econômico.

Na verdade é uma questão de estrutura do Estado. Acabar com a garantia do servidor de ter uma aposentadoria digna e certa, depois de tantos anos de contribuição, além de ser uma injustiça social que destrói a dignidade do servidor, ainda é o fim da garantia do bom funcionamento do Estado.

É surpreendente chegarmos ao ponto de termos que salientar que a relação do Poder Público com seus cidadãos, principalmente quando falamos de Previdência Social, deve estar pautada por princípios éticos, que inevitavelmente vinculam as ações a uma preocupação com o respeito ao outro, e isto quer dizer, em uma preocupação com uma Previdência Social forte.

Referências bibliográficas

ABBAGNANO, Nicola. *Dicionário de Filosofia*. Trad.: Alfredo Bosi. 2ª ed. São Paulo: Martins Fontes, 1998.

ARISTÓTELES. *Ética a Nicômacos*. trad: Mário Gama Kury. 4ª ed. Brasília: UNB, 2001.

BALERA, Wagner. O valor social do Trabalho, *in Revista LTr* 58-10/1170.

BENDA, Ernest. El estado social de derecho. In: BENDA, Ernest *et al. Manual de derecho constitucional. Tradución de Antonio Lopez Pina.* Madrid: Marcial Pons, 1996. Trad. De Handbuch des Versfassunsrechts der Bundesrepublik Deutschland.

CANOTILHO, J. J. Gomes. *Direito Constitucional,* 6ª ed. Coimbra: Livraria Almedina, 1995.

———. *Direito Constitucional.* 6ª ed. Coimbra: Livraria Almedina, 1995.

COSTA, Maria Isabel Pereira da. Jurisdição constitucional no estado democrático de direito. Porto Alegre: Síntese, 2003.

FABRÍCIO, Adroaldo Furtado. Previdência o modelo e a gestão. In: Adroaldo et al. Previdência ou Imprevidência. Org. Maria Isabel Pereira da Costa. 2ª ed. Porto Alegre: Livraria do Advogado, 2003.

FORTES, Simone Barbisan et al. Direito da seguridade social: prestações e custeio da previdência, assistência e saúde. Porto Alegre: Livraria do Advogado, 2005.

GOUVEIA, Jorge bacelar. Os direitos fundamentais atípicos. Lisboa: Aequitas e Notícias, 1995.

HESSE, Konrad. Elementos de direito constitucional da república federal da Alemanha. Trad. alemã de Dr. Luís Afonso Heck. 20ª ed. Porto Alegre: Sergio Fabris, 1998.

HOBBES, T. (1974). *De Homine,* tradução para o francês de Paul-Marie Maurin. Paris : Librairie Scientifique et Technique.

KANT, I. *Crítica da razão pura.* 4ª ed. Prefácio à tradução portuguesa, introdução e notas: Alexandre Fradique MOURUJÃO. Tradução: Manuela Pinto dos SANTOS e Alexandre Fradique MOURUJÃO. Lisboa: Fundação Calouste Gulbenkian, 1997.

LOCKE, John. *Ensaio sobre o entendimento humano.* 5 ed. Tradução de Anoar Aiex. São Paulo. Nova Cultural, 1991 (Os Pensadores).

MIRANDA, Jorge. Manual de direito constitucional. Tomo IV – Direitos Fundamentais. 2ª ed. Reimp. Coimbra, 1998.

———. *Manual de Direito Constitucional,* tomo IV. 3ª ed. Coimbra: Coimbra Editora, 2000.

NIETZSCHE, Friedrich. *Vontade de Potência.* Tradução de Mário D. Ferreira Santos. Rio de Janeiro: Ediouro.

PLATÃO. *A República.* Trad. M. H. R. Pereira. Lisboa: Fundação Calouste Gulbenkian, 1993.

RAWLS, John. *Uma teoria de Justiça.* Trad. De Carlos Pinto Correia. Lisboa: Presença, 1993.

SANTOS, Marisa Ferreira dos. *O princípio da Seletividade das Prestações de Seguridade Social.* São Paulo: LTr., 2003.

SILVA, José Afonso da. Curso de Direito Constitucional positivo. 15ª ed. Ver. Atual. São Paulo: Malheiros, 1998.

SPINOZA, Baruch. *Ethica ordine geometrico demonstrata,* 1675. Trad. port. De Joaquim de Carvalho, Coimbra, 1950.

Considerações finais

O panorama traçado pelos autores dos artigos que compõem esta obra deixa clara a necessidade de se resgatarem os valores éticos e o cumprimento dos princípios constitucionais básicos que norteiam o Estado Democrático de Direito no que respeita à reforma do sistema previdenciário.

Dentre esses valores, o respeito à dignidade da pessoa humana é o alicerce tanto de uma coexistência fundada em uma conduta ética quanto fundada nos princípios de uma democracia regulada pelo Direito.

O sistema previdenciário como parte integrante do Estado de Direito não pode fugir a essa regra básica da ética e do direito. Antes mesmo da sua criação, isto é, desde a motivação e justificativa para a sua criação, regulamento e concretização e reforma, já deve ser pensado de forma ética e democrática, respeitando o ser humano ao assegura-lhe uma vida digna em contrapartida à contribuição efetivada pelo cidadão ao longo de sua vida.

É bom lembrar que uma pessoa quando se interessa pelo Serviço Público e dele faz a sua profissão não está abrindo mão da sua condição de cidadã e, como tal deve ser respeitada.

Pela análise dos artigos que compõem o primeiro capítulo desta coletânea se pode perceber que é, também, uma questão ética até mesmo prestar informações corretas sobre a situação de sustentabilidade do sistema previdenciário.

No Estado do Rio Grande do Sul o Sistema de Previdência Própria dos Servidores não é deficitário, pelo contrário, é superavitário, estando o seu desempenho comprometido por conta de encargos estranhos e anteriores à sua proposta que maculam o seu caráter superavitário.

Da mesma forma o Regime Geral de Previdência Social da União não é deficitário, há recursos orçamentários consistentes dando guarida à pujança do sistema de seguro social brasileiro, devendo o sistema ser respeitado como fundamental instrumento redistribuidor de renda na América Latina, se não pelo seu inequívoco papel social, pela correta demonstração de que o déficit nada mais é do que uma falácia .

Portanto ao se prestarem contas desvirtuadas da realidade para fazer com que a opinião pública seja levada a apoiar iniciativas desvinculadas do bem comum é também falta de ética e descumprimento ao princípio constitucional do respeito à dignidade da pessoa humana.

Por outro lado, a submissão dos magistrados a regime de aposentadoria geral ou complementar privado afronta o princípio da Separação de Poderes e viola cláusula pétrea da Constituição Federal.

Assim, colocar os atuais magistrados em um regime previdenciário que viole a garantia de seus proventos integrais na inatividade desrespeita as garantias constitucionais do cargo, desvirtua o perfil psicológico exigido e estimulado para o exercício da magistratura, desestrutura o Estado Democrático de Direito e subverte as garantias do cidadão.

Demonstrou-se, também, que a preservação da estrutura e funcionamento do Estado se faz mediante a manutenção da responsabilidade ética dos governantes ao garantirem aos servidores públicos uma aposentadoria digna.

Ficou clara a necessidade de se desmascarar o teor terrorista do discurso a fim de que sejam conhecidas todas as vertentes de suas propostas e justificativas. Assim a sociedade poderá escolher se pretende um modelo fundado na ética da solidariedade ou outro cujos valores estão alicerçados à ética do mercado.

É indispensável que se tenha como paradigma o constitucionalismo alicerçado no conteúdo dos direitos fundamentais, e estes como elementos constitutivos das estruturas básicas do Estado, *onde a pessoa humana e a sua dignidade sejam o núcleo de uma teoria de justiça e* o Direito seja considerado como um instrumento de ordenação racional indissociável da realização da justiça e a Constituição como fundamento para o limite do poder pelo Direito.

Diante desse imperativo, e diante do seu dever **ÉTICO DE CONDUTA**, o Estado de Direito, ao criar, regular e efetivar um sistema de previdência social, não pode negligenciar a proteção à dignidade da pessoa humana.

Ao terceirizar a sua responsabilidade para o mercado financeiro, transferindo a previdência dos servidores à ganância do lucro, vai muito além de ser transferido apenas um valor econômico, é uma questão de estrutura do Estado.

Assim, seja pela concepção que fundamenta o dever ético na felicidade como fim último do ser humano, ou seja pela concepção que fundamenta o dever ético na escolha das suas alternativas de conduta, tendo o dever moral de agir segundo princípios ou móveis de conduta que reconheçam a existência de seres racionais, cidadãos – tem-se que concluir que o sujeito Estado criado pelos seres humanos para regulamentar suas relações terá sempre o dever de agir sob os alicerces da ética porque o Estado não é um fim em si mesmo. O Estado foi criado para que os seres humanos pudessem viver melhor em sociedade, e sendo assim, a Previdência Social faz parte da segurança jurídica necessária a qualquer pessoa, pois vem socorrê-la justamente nos momentos de risco/necessidade social, momentos de fragilidade (doença, velhice, maternidade, etc.), portanto, o *Poder Público representado pelo Estado de Direito é sempre responsável pela Previdência Social.*

Referências bibliográficas

BANCO MUNDIAL. Brasil. Questões Críticas da Previdência Social, Relatório n° 19641 – BR., Volume 1 disponível em <http://siteresources.worldbank.org/BRAZILINPOREXTN/Resources/3817166-1185895645304/4044168-1186403960425/08Sinopse.pdf> acessado em 25/05/09.

BITAR. Eduardo C. B. *Curso de Ética Jurídica*. Ética Geral e Profissional. 6ª ed. São Paulo: Saraiva, 2009.

COMPARATO, Fábio Konder. *Ética, Direito, Moral e Religião no Mundo Moderno*. São Paulo: Companhia das Letras, 2006.

——. A Afirmação Histórica dos Direitos Humanos. 3ª ed. São Paulo: Saraiva, 2003.

COSTA, Flávio Dino de Castro e. Globalização e Crise Constitucional, *RDA*, v. 211.

DALLARI, Dalmo de Abreu. *Previdência ou Imprevidência*. Porto Alegre: Livraria do Advogado, 2003.

GARCIA, Maria, O problema da Previdência Social no Limiar do Século XXI: os Direitos Humanos de Proteção Previdenciária no Brasil, *Revista IOB trabalhista e previdenciária*, v. 237, março de 2009.

FARIA, José Eduardo. Globalização, autonomia decisória e política. In *1988 - 1998: uma Década de Constituição*, Rio de Janeiro: Renovar, 1999.

MESA-LAGO, Carmelo. Sistemas Comparados de Pensões Públicas e Privadas: Uma avaliação da experiência latino-americana. In *Direitos Fundamentais e Justiça*, ano 1, n° 1. HS Editora, Porto Alegre, 2007

MODESTO, Paulo. *Reforma da Previdência*. Análise e crítica da emenda constitucional n° 41/2003. Belo Horizonte: Ed. Fórum, 2004.

MONCADA, L. Cabral de. *Filosofia do Direito e do Estado, II Parte* – Doutrina e Crítica. Coimbra: Coimbra Editora. 1995.

PERELMAN, Chaïm. *Ética e Direito*. São Paulo: Martins Fontes. 2002

REALE, Miguel. *Lições Preliminares de Direito*. 10ª ed. São Paulo: Saraiva, 1983.

RUSSOMANO, Mozart Victor. *Curso de Previdência Social*. 2ª ed. Rio de Janeiro: Forense, 1983.

WEBER, Max, *A Ética Protestante e o Espírito do Capitalismo*. 14ª ed. São Paulo: Ed. Pioneira, 1999.

Anexo

PARECER Nº 26, DE 2008

Alexandre Mariotti
Auditor substituto de Conselheiro do
Tribunal de Contas do Estado do Rio Grande do Sul

PARECER 26/2008

PREVIDÊNCIA PÚBLICA. Unidade gestora do Regime Próprio de Previdência Social. Art. 40, § 20, da Constituição da República. Lei Federal nº 9.717/1998: invasão da competência dos Estados, do Distrito Federal e dos Municípios, inclusive através de normas regulamentares. REGIME PRÓPRIO DE PREVIDÊNCIA SOCIAL DOS SERVIDORES PÚBLICOS DO RIO GRANDE DO SUL – RPPS/RS. Lei Estadual nº 12.209/2008. Instituto de Previdência do Estado do Rio Grande do Sul – IPERGS como gestor único. Competências que extrapolam a mera gestão, avançando sobre prerrogativas constitucionais de outros órgãos. NECESSIDADE DE INTERPRETAÇÃO CONFORME À CONSTITUIÇÃO. A interpretação e aplicação do art. 2º, I, da Lei Estadual nº 12.209/2008 deve respeitar as autonomias administrativas do Poder Judiciário, da Assembléia Legislativa, do Ministério Público, da Defensoria Pública e do Tribunal de Contas.

O Excelentíssimo Senhor Conselheiro João Luiz Vargas encaminha para exame, pela Auditoria, o Processo nº 2976-02.00/08-2, que trata de pedido de orientação técnica formulado pela Supervisão de Admissões, Pensões e Inativações – SAPI acerca da aplicação da Lei Estadual nº 12.209, de 03 de março de 2008, particularmente no que tange à competência para a edição de atos inativatórios.

Informa a Senhora Supervisora da SAPI (fl. 04) que, apesar do inciso I de seu art. 2º atribuir ao Instituto de Previdência do Estado do Rio Grande do Sul – IPERGS, na qualidade de gestor único do regime próprio de previdência social dos servidores públicos do Rio Grande do Sul – RPPS/RS, competência para expedir esses atos,

ÉTICA E A PREVIDÊNCIA PÚBLICA E PRIVADA

dita competência não tem sido observada e que, de outra parte, existem dúvidas sobre a constitucionalidade da norma em apreço.

Em atenção ao disposto no § 1º do art. 140 do Regimento Interno do TCE, o expediente transitou pela Consultoria Técnica, que exarou a Informação nº 14/2008 (fls. 38-60), cujas conclusões sobre o mérito do pedido de orientação técnica serão analisadas mais adiante, e aportaram na Auditoria, onde foram distribuídos a este Auditor Substituto de Conselheiro em 24.06.2008. Ressalto, tendo em vista o prazo regimental do art. 39, § 1º, que venho exercendo cumulativamente substituição de Conselheiro desde 11.07.2008.

É o relatório.

A matéria trazida a exame no presente pedido de orientação técnica é bastante complexa, inserindo-se no contexto da chamada Reforma da Previdência, implementada, no texto da Constituição da República, pelas Emendas Constitucionais nº 20, de 15.12.1998, nº 41, de 19.12.2003, e nº 47, de 05.07.2005. Conforme salientado em sede doutrinária, essas sucessivas alterações nos regimes de previdência inserem-se em um **processo** de modificação da estrutura previdenciária brasileira,[1] com desdobramentos na legislação federal e nas legislações dos demais membros da Federação.

Nesse contexto, a Emenda Constitucional nº 41/2003 atinge em cheio o regime previdenciário dos servidores públicos,[2] suscitando questões de compatibilidade com princípios fundamentais da Constituição da República, tais como o princípio federativo (art. 1º) e o princípio da separação dos poderes (art. 2º), e com direitos fundamentais como o direito à segurança jurídica (art. 5º, *caput*, e inciso XXXVI). Embora essa última referência seja inevitável em tema de reforma previdenciária,[3] as duas primeiras têm maior pertinência no que toca à questão suscitada no presente pedido de orientação técnica.

---

[1] IBRAHIM, Fábio Zambitte, TAVARES, Marcelo Leonardo VIEIRA, Marco André Ramos. *Comentários à Reforma da Previdência (EC nº 41/2003 e EC nº 47/2005)*. 3. ed. Niterói: Impetus, 2005, p. IX.

[2] Idem, ibidem.

[3] Pois, conforme escrevi no Parecer nº 11/2006, "em relação ao direito à aposentadoria, cujo período de aquisição se prolonga por décadas, não é possível aceitar, à luz dos princípios que compõem a ordem constitucional vigente, uma distinção do tipo 'tudo ou nada' entre direito adquirido e expectativa de direito, nos moldes das relações jurídicas privadas".

Isso porque a questão em exame decorre da introdução, pela Emenda Constitucional nº 41/2003, de um novo parágrafo no art. 40 da Constituição da República, assim redigido:

"Art. 40 (...)

§ 20. Fica vedada a existência de mais de um regime próprio de previdência social para os servidores titulares de cargos efetivos, e de mais de uma unidade gestora do respectivo regime em cada ente estatal, ressalvado o disposto no art. 142, § 3º, X".

Prescindindo-se de questionar a constitucionalidade dessa inovação,[4] cumpre que se a tenha como norma constitucional de eficácia limitada, na linguagem de José Afonso da Silva,[5] porque demanda interposição do legislador para produzir todos os efeitos que intenta. De fato, tanto a implantação de um regime próprio quanto a criação de uma unidade gestora dependem de que seja editada legislação da União, dos Estados, do Distrito Federal e dos Municípios, **dentro da órbita das respectivas competências**, em atenção ao princípio federativo.[6]

Em tema de previdência social, compete à União, aos Estados e ao Distrito Federal legislar **concorrentemente**, limitando-se a competência da União, nesta seara, a estabelecer **normas gerais**, segundo os expressos termos da Constituição da República (art. 24, XII, e § 1º).

Não se diga que a matéria teria enquadramento na competência privativa da União para legislar sobre seguridade social (art. 22, XXIII), porque, a uma, inserindo-se previdência social dentro da seguridade social (art. 194), a norma especial prevalece sobre a norma geral; a duas, porque se não fosse assim, a previsão do art. 24 seria inútil, e, a três, porque essa previsão se justifica exatamente pela incontestada possibilidade dos Estados, Distrito Federal e Municípios legislarem sobre o regime previdenciário de seus servidores.[7]

---

[4] Em que pese a existência de duas ações diretas de inconstitucionalidade pendentes de decisão pelo Supremo Tribunal Federal, a ADI 3297-DF e a ADI 3998-DF, como bem destacado pela Consultoria Técnica (fls. 08-37), não houve a concessão de medida cautelar.

[5] SILVA, José Afonso, *Aplicabilidade das normas constitucionais*. 6. ed. 3. tir. São Paulo: Malheiros, 2004, p. 82-83.

[6] FELIPE, J. Franklin Alves. Reforma constitucional previdenciária: a nova previdência dos servidores públicos. Rio de Janeiro: Forense, 2004, p. 99.

[7] Os Municípios o fazem, em relação aos seus servidores, com fundamento na competência privativa do art. 30, I. Ou, ao revés, haveriam de se ter por inconstitucionais todas as legis-

Se, então, a competência da União, em tema de previdência social, cinge-se ao estabelecimento de normas gerais, e se, conforme o ilustrativo apanhado doutrinário realizado pela Consultoria Técnica, falar em normas gerais implica excluir a possibilidade de legislação pormenorizada e exauriente,[8] a legislação federal está limitada ao **delineamento** normativo a ser seguido pelos Estados, Distrito Federal e Municípios ao **definirem**, através de suas leis, os respectivos regimes próprios e unidades gestoras. A União só pode ir além da generalidade, na matéria, para editar normas sobre o regime próprio de previdência dos servidores federais e sobre a respectiva unidade gestora.

Entretanto, ao dispor sobre a matéria, a Lei Federal n° 9.717/1998 incide em velho cacoete da legislação produzida pela União em matérias de competência concorrente, trazendo, de um lado, dispositivos que realmente estabelecem normas gerais ou que fixam normas particulares com aplicação limitada à esfera federal, e, de outro, dispositivos que avançam sobre a competência complementar dos Estados, Distrito Federal e Municípios. No caso em exame, essa circunstância já foi detectada pelo Supremo Tribunal Federal, ao conceder tutela antecipada ao Estado do Paraná e ao seu órgão de previdência pública Paranaprevidência na Ação Civil Originária n° 830-1-PR, posteriormente referendada pelo Pleno, ao fundamento de que aquele diploma *ultrapassou os limites constitucionais da autonomia do ente federal.*[9]

Aliás, conforme assinalei no Parecer n° 4/2005, oportunamente lembrado pela Consultoria Técnica, determinados dispositivos da Lei Federal n° 9.717/1998 nem sequer estabelecem normas que extrapolam diretamente os limites que se reconhecem às normas gerais, mas atribuem, ao revés, ao Ministério da Previdência e Assistência Social, órgão da União, competência para a *orientação, supervisão e acompanhamento dos regimes próprios de previdência social dos servidores*

---

lações previdenciárias estaduais, distrital e municipais editadas a partir de 05.10.1988? Se o desiderato do titular do poder de reforma constitucional era concentrar na União *também* a competência em matéria previdenciária, faltou traduzir essa intenção em texto de Emenda Constitucional.

[8] No mesmo sentido, a lição de André Ramos Tavares: "Na competência legislativa concorrente as normas gerais cabem à União, e aos Estados-membros cabem as normas particulares" (TAVARES, André Ramos. Curso de Direito Constitucional. 5. ed. São Paulo: Saraiva, 2007, p. 1003).

[9] STF, Tribunal Pleno, ACO-TAR n° 830-1-PR, rel. Min. Marco Aurélio, j. em 29.10.2007.

públicos e dos militares da União, dos Estados, do Distrito Federal e dos Municípios, e dos fundos a que se refere o art. 6°, para o fiel cumprimento dos dispositivos desta Lei (art. 9°, I, da Lei Federal citada).

De forma inteiramente coerente com essa lógica de apropriação das competências alheias, o Ministério da Previdência e Assistência Social e seus órgãos, integrantes da Administração Federal, editam normas regulamentares que, a pretexto de dar fiel cumprimento aos dispositivos da Lei, vão **além** de suas prescrições, como se demonstrou, no Parecer antes citado, em relação à Orientação Normativa SPS n° 03, do Secretário de Previdência Social. De invasão legislativa das competências alheias, a União evoluiu para a **invasão regulamentar** das mesmas competências – uma e outra, com o perdão da obviedade, rematadamente inconstitucionais.

O ente federado que resiste a tais normativos e tenta exercer seu quinhão constitucional de competência é impelido a buscar proteção em juízo contra as retaliações da União, como se deu com o Estado do Paraná e sua entidade previdenciária na mencionada Ação Civil Originária n° 830-1-PR. O Estado do Rio Grande do Sul, em grave crise financeira e necessitando desesperadamente do beneplácito federal para buscar recursos que possam amenizá-la, aparentemente não quis correr esse risco. Assim, editou legislação - Lei Estadual n° 12.209/2008 - decalcada no figurino **inconstitucionalmente** detalhado pelas normas **regulamentares** federais, acabando por incorrer em equívocos evidentes.

Desde logo, é no mínimo duvidosa, em face do disposto nos §§ 5°, 6°, 7° e 8° do art. 38 da Constituição do Estado, a possibilidade de dispor sobre recursos para custeio das aposentadorias dos servidores públicos em lei ordinária, em vez de lei complementar. Para o deslinde da questão posta nestes autos, entretanto, interessa analisar dispositivo da Lei Estadual n° 12.209/2008 que não versa sobre tais recursos, mas sobre as competências do IPERGS, enquanto unidade gestora do RPPS/RS. Trata-se do art. 2°, I, a seguir reproduzido:

"Art. 2° - Cabe ao IPERGS, na qualidade de gestor único do RPPS/RS:
I - a administração, o gerenciamento, a concessão, o pagamento e a manutenção dos benefícios previdenciários de aposentadoria e pensão;
(...)"

ÉTICA E A PREVIDÊNCIA PÚBLICA E PRIVADA

A indevida reverência às normas regulamentares federais, cuja inconstitucionalidade já se afirmou, salta aos olhos. Compare-se o texto legal transcrito com o texto do art. 2°, V, da Orientação Normativa SPS n° 01, do Secretário de Previdência Social:

Art. 2° Para os efeitos desta Orientação Normativa, considera-se:

"(...)

V - unidade gestora: a entidade ou órgão integrante da estrutura da administração pública de cada ente federativo que tenha por finalidade a administração, o gerenciamento e a operacionalização do RPPS, incluindo a arrecadação e gestão de recursos e fundos previdenciários, a concessão, o pagamento e a manutenção dos benefícios;"

Reiterando-se que, segundo as normas de competência inscritas na Constituição da República, a Lei Federal não poderia chegar a esse nível de detalhamento, menos ainda poderia Orientação Normativa!

E a se argumentar que o acolhimento do figurino regulamentar pelo legislador estadual teria superado esse problema - o que se contesta - ainda restaria compatibilizar materialmente essa concentração de atribuições na unidade gestora do RPPS/RS com o princípio da separação de poderes e com diversas normas constitucionais, federais e estaduais, atributivas de competências a diferentes órgãos.

Irretocável, neste aspecto, a manifestação da Consultoria Técnica, que reclama transcrição:

"Então, como se poderia manter tal independência e harmonia entre os Poderes, se o transcrito dispositivo do inciso I do art. 2° da Lei Estadual n° 12.909/2008 confere apenas ao Poder Executivo, por meio do IPERGS, a tarefa de, dentre outros, conceder e pagar o benefício previdenciário de aposentadoria aos servidores e membros do Poder Judiciário, Tribunal de Contas e Ministério Público, aos servidores da Assembléia Legislativa, bem como aos ocupantes da carreira e dos serviços auxiliares da Defensoria Pública, sob o único e exclusivo entendimento originário do Poder Executivo, por vezes, contendo interpretações distintas daquelas emitidas pelas instâncias decisórias dos demais Poderes, bem como do Ministério Público, Tribunal de Contas e Defensoria Pública?

(...)
A independência e harmonia, garantidas na Constituição Federal, ocorrem, como não poderia deixar de ser, não apenas no exercício das competências cometidas a cada Poder, como, também, na atividade administrativa, consoante a autonomia administrativa que cada Poder ou Órgão possui, segundo o inciso IV do art. 51 (Câmara dos Deputados), inciso XIII do art. 52 (Senado Federal), art. 73 e 75 (Tribunal de Contas), artigos 96 e 99 (Poder Judiciário), 2° do art. 127 (Ministério Público) e § 2° do art. 134 (Defensoria Pública). Além disso, a mesma Carta Magna assegura a todos estes autonomia financeira por intermédio do art. 168, tendo esta sido conferida ao Poder Judiciário também pelo art. 99.

Por simetria, a Constituição Estadual assegura a todos os Poderes e Órgãos do Estado autonomia administrativa: inciso XXXV do art. 53 (Assembléia Legislativa), art. 71 (Tribunal de Contas), art. 95 (Poder Judiciário), art. 109 (Ministério Público) e § 1° do art. 121 (Defensoria Pública). A autonomia financeira restou garantida por meio do art. 156."

É aceitável, em tese, o entendimento doutrinário de que *a unidade administrativa gerencial das aposentadorias não agrediria o princípio da separação dos poderes*,[10] mas, no caso concreto, **as competências atribuídas ao IPERGS extrapolam a mera gestão**, avançando sobre prerrogativas constitucionais de outros órgãos. Não é demasiado gizar que o art. 40, § 20, da Constituição da República determina a existência de uma *unidade gestora* única, não de um órgão previdenciário todo-poderoso que decida até mesmo sobre a concessão das aposentadorias e pensões dos membros de outros poderes e de órgãos autônomos.

Pode-se imaginar, por exemplo, o IPERGS **decidindo** sobre a concessão de aposentadoria a um magistrado, a um membro da Assembléia Legislativa, a um membro do Ministério Público, a um membro do Tribunal de Contas? Não é evidente que se estará diante de ingerência de um órgão controlado pelo Poder Executivo na

---

[10] IBRAHIM, TAVARES, VIEIRA. op. cit., p. 53. Registre-se, todavia, que esse entendimento não é unânime: para Wladimir Novaes Martinez, "no § 20 não ficou claro quanto a referir-se a cada uma das divisões dos três poderes da República", não se lhe afigurando impróprio, em face "da especificidade de cada um desses segmentos (...) que cada um deles institua o seu próprio fundo de pensão" (MARTINEZ, Wladimir Novaes. *Reforma da Previdência dos Servidores: Comentários à EC* n. 41/03. São Paulo: LTr, 2004, p. 127).

autonomia dos órgãos citados, integrantes de outros poderes ou autônomos? Vale lembrar, a propósito, que quando a Constituição do Estado de Mato Grosso estampou dispositivo prevendo a aposentadoria compulsória de Desembargadores do Tribunal de Justiça, o Supremo Tribunal Federal não titubeou em considerá-lo agressivo à separação de poderes e declará-lo inconstitucional.[11]

Na ocasião, lembrou o Relator, Min. Sepúlveda Pertence, que a separação de poderes não se reduz a uma fórmula genérica que possa desconsiderar as peculiaridades de cada ordenamento jurídico:

> "O princípio da separação e independência dos Poderes, malgrado constitua um dos signos distintivos fundamentais do Estado de Direito, não possui fórmula universal apriorística: a tripartição das funções estatais, entre três órgãos ou conjuntos diferenciados de órgãos, de um lado, e, tão importante quanto essa divisão funcional básica, o equilíbrio entre os poderes, mediante o jogo recíproco dos freios e contrapesos, presentes ambos em todas elas, apresentam-se em cada formulação positiva do princípio com distintos caracteres e proporções."

Considerando, pois, que a *formulação positiva do princípio* no ordenamento jurídico pátrio abrange a autonomia administrativa dos Poderes Legislativo e Judiciário, do Ministério Público e do Tribunal de Contas, bem como, mais recentemente, das Defensorias Públicas Estaduais,[12] o art. 2º, I, da Lei Estadual nº 12.209/2008 há de receber interpretação conforme à Constituição, uma vez que a alternativa seria reconhecer, incidentalmente, a sua inconstitucionalidade. E, conforme o ensinamento clássico de Lúcio Bittencourt, calcado na doutrina norte-americana, *as Côrtes devem se possível, dar à lei interpretação tal que lhe permita manter-se válida e eficaz.*[13]

Por tais razões, adere-se à conclusão central a que chegou a Consultoria Técnica, ou seja, *tendo em vista que a Lei Ordinária em análise não poderia dispor contrariamente aos ditames das constituições federal, estadual, bem como aos regramentos legais de iniciativa ou da alçada dos demais Órgãos e Poderes não integrantes do Poder Executivo, entende-*

---

[11] STF, Tribunal Pleno, ADI nº 183-3-MT, rel. Min. Sepúlveda Pertence, j. em 07.08.1997.

[12] Nos termos do art. 134, § 2º, da CRFB, com a redação da Emenda Constitucional nº 45, de 8 de dezembro de 2004.

[13] BITTENCOURT, Carlos Alberto Lúcio. *O controle jurisdicional da constitucionalidade das leis.* 2. ed. atualizada por José Aguiar Dias. Brasília: Ministério da Justiça, 1997, p. 93.

mos que a atribuição de conceder aposentadoria aos membros e servidores do Poder Judiciário, do Ministério Público e desta Corte, aos servidores da Assembléia Legislativa, e aos ocupantes da carreira e dos serviços auxiliares da Defensoria Pública continuaria a ser exercida pelas autoridades que os respectivos Diplomas Legais estabelecessem.

É o parecer.

Auditoria, 24 de julho de 2008.

Alexandre Mariotti

Auditor Substituto de Conselheiro
Processo n° 2976-02.00/08-2

DECISÃO:

O Tribunal Pleno, **em sessão administrativa de 13-08-08,** à unanimidade, acolhendo o Voto do Conselheiro-Relator, por seus jurídicos fundamentos, decide que se considere como orientação técnica a esta Casa e se encaminhe a Excelentíssima Senhora Governadora do Estado, ao Tribunal de Justiça do Estado, ao Ministério Público Estadual, à Assembléia Legislativa do Estado, à Defensoria Pública do Estado e ao Instituto de Previdência do Estado, cópias da Informação n° 014/2008 da Consultoria Técnica, do Parecer 26/2008 da lavra do Auditor Substituto de Conselheiro Alexandre Mariotti, bem como do inteiro teor do voto do Relator.

PARECER ACOLHIDO

Impressão:

Evangraf

Rua Waldomiro Schapke, 77 - P. Alegre, RS
Fone: (51) 3336.2466 - Fax: (51) 3336.0422
E-mail: evangraf.adm@terra.com.br